高等职业教育汽车改装技术专业教材

汽车美容装饰

彭　钊　马平平　主　编
邝松林　刘晓鸿　夏显宇　副主编
　　　　　李永吉　主　审

人民交通出版社股份有限公司
China Communications Press Co.,Ltd.

内 容 提 要

本书为高等职业教育汽车改装技术专业教材。全书分为20个学习项目，内容主要包括：汽车品牌、车型及常用参数认知；汽车内外饰件认知；汽车美容装饰企业认知；7S管理；接车检查；汽车外观清洁；汽车外观件护理；汽车内饰清洁护理；汽车发动机舱清洁护理；汽车漆面认知；汽车漆面轻微损伤修复；汽车漆面打蜡护理；汽车漆面封釉护理；汽车漆面镀膜、量子镀晶护理；汽车底盘装甲；汽车玻璃贴膜；汽车发动机护板安装；汽车地胶、脚垫安装；汽车座套、坐垫安装；安全预警器、行车记录仪安装。

本书可作为职业院校汽车类专业的教学用书，也可作为汽车装饰与美容技术人员的培训教材。

图书在版编目(CIP)数据

汽车美容装饰/彭钊,马平平主编. —北京：人民交通出版社股份有限公司,2019.12
 ISBN 978-7-114-15844-5

Ⅰ.①汽… Ⅱ.①彭… ②马… Ⅲ.①汽车—车辆保养—高等职业教育—教材 Ⅳ.①U472

中国版本图书馆 CIP 数据核字(2019)第209191号

书　　名：	汽车美容装饰
著 作 者：	彭　钊　马平平
责任编辑：	张一梅
责任校对：	张　贺　宋佳时
责任印制：	张　凯
出版发行：	人民交通出版社股份有限公司
地　　址：	(100011)北京市朝阳区安定门外外馆斜街3号
网　　址：	http://www.ccpress.com.cn
销售电话：	(010)59757973
总 经 销：	人民交通出版社股份有限公司发行部
经　　销：	各地新华书店
印　　刷：	北京虎彩文化传播有限公司
开　　本：	787×1092　1/16
印　　张：	15
字　　数：	350千
版　　次：	2019年12月　第1版
印　　次：	2019年12月　第1次印刷
书　　号：	ISBN 978-7-114-15844-5
定　　价：	38.00元

(有印刷、装订质量问题的图书由本公司负责调换)

前言
FOREWORD

随着我国进入新的发展阶段，经济结构和产业升级调整不断加快，各行各业对专业技能人才的需求越来越紧迫，职业教育的重要地位和作用凸显。作为职业教育的基地，职业院校应牢固树立新发展理念，服务建设现代化经济体系和实现更高质量更充分就业需要，对接科技发展趋势和市场需求，努力提升办学水平和提高人才培养质量。

云南交通运输职业学院（云南交通技师学院，以下简称"学院"）经过66年的发展，走出了一条符合职业教育规律的具有鲜明特色的发展之路。2017年，学院顺利完成世界银行贷款云南职业教育发展项目建设，编写了高等职业教育汽车改装技术专业教材。

《汽车美容装饰》属于本系列教材之一。在本教材编写过程中，作者认真总结了学院多年以来的专业建设经验，充分调研、对接行业实际需求，注意吸收国际职业教育课程开发先进理念，并深度结合汽车装饰与美容专业《人才需求调研分析报告》《岗位能力分析报告》《人才培养方案》《汽车美容装饰课程标准》进行开发，形成了以下特色：

1. 全书统一采用"项目—任务"结构，便于开展项目化教学；
2. 项目全部来源于企业工作项目，教学针对性强；
3. 项目采用情景驱动，有助于提升学生学习兴趣；
4. 理论部分采用知识填充设计，充分体现学习过程的开放性；
5. 采用大量反映实际工作过程的图片，便于学生自学；
6. 任务实施采用大量图表设计，便于记录实际学习过程；
7. 将本专业新材料、新工艺融入教材，内容实用性强；
8. 突出"能力本位"设计，体现出对学生综合能力（方法能力、社会能力和专业能力）、职业可持续发展能力的关注和培养。

本书由云南交通运输职业学院（云南交通技师学院）彭钊、马平平担任主编，邝松林，刘晓鸿、夏显宇担任副主编，李永吉担任主审。参与编写工作的有：陈惠（编写项目一、项目二）、杨馥瑜（编写项目三）、杨泽旭（编写项目四、项目九）、钱欣瑞（编写项目五）、袁吉寿（编写项目六）、夏显宇（编写项目八）、彭钊（编写项目十、项目十四、项目十五、项目十六）、刘晓鸿（编写项目十一、项目十二）、邝松林（编写项目十七、项目二十）、马平平（编写项目十八、项目十九），汽车美容双创中心（大学生事业合伙人创业孵化中心）洪浪（编写项目十三），广州光启汽车服务有限公司李运可（编写项目七）。

在本书的编写过程中，云南省世行项目办陈永进、付铁峰、刘海君、云波、刘炜等专家学者以及相关企业技术专家给予了悉心指导和关心帮助,在此表示感谢!同时,也参考了许多国内出版的书籍、杂志,以及网络上的相关内容,在此也对这些作品的著译者表示感谢!

  限于作者水平,书中难免有错漏之处,恳请广大读者提出宝贵建议,以便进一步修改和完善。

作 者
2019 年 6 月

目录 CONTENTS

项目一	汽车品牌、车型及常用参数认知	1
项目二	汽车内外饰件认知	11
项目三	汽车美容装饰企业认知	19
项目四	7S 管理	26
项目五	接车检查	34
项目六	汽车外观清洁	43
项目七	汽车外观件护理	55
项目八	汽车内饰清洁护理	64
项目九	汽车发动机舱清洁护理	77
项目十	汽车漆面认知	88
项目十一	汽车漆面轻微损伤修复	97
项目十二	汽车漆面打蜡护理	110
项目十三	汽车漆面封釉护理	118
项目十四	汽车漆面镀膜、量子镀晶护理	128
项目十五	汽车底盘装甲	141
项目十六	汽车玻璃贴膜	155
项目十七	汽车发动机护板安装	183
项目十八	汽车地胶、脚垫安装	194
项目十九	汽车座套、坐垫安装	208
项目二十	安全预警器、行车记录仪安装	219
参考文献		233

项目一　汽车品牌、车型及常用参数认知

项目描述

在工作过程中,会接触到各种品牌和型号的汽车,而各品牌汽车在外观、内饰、参数和配置上都会有差异,施工服务的细节也会有所不同,加之现代汽车更新换代速度非常快,需要在平时多注意了解、积累相关的车型知识。本项目将学习品牌、型号和VIN码三个内容。

学习目标

1. 能够正确识别汽车品牌及各品牌代表车型;
2. 能够正确查找、解读车辆识别代码;
3. 能够主动获取有效信息,积极展示工作成果,不断进行总结和反思。

建议学时

8学时。

学习引导

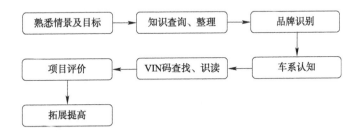

知识准备

一、汽车品牌及车型

(一)自主品牌

查询资料,整理并写出中国汽车的自主品牌及旗下常见车型,填写表1-1。

自主品牌及主要车型　　　　　　　　　　　　　　　　　表1-1

区　域	自主品牌	主要车型
东北地区		
华北地区		
华东地区		

续上表

区　　域	自主品牌	主要车型
西南地区		
台湾地区		
华中地区		
华南地区		

(二)合资品牌

查询资料,整理并写出中国汽车主要合资品牌及旗下常见车型,填写表1-2。

主要合资品牌及常见车型　　　　　　　　　　　　　　　　表1-2

车系	主要合资品牌	常见车型
欧系		
美系		
日系		
韩系		

二、车辆识别代码(VIN)

车辆识别代码是汽车制造厂家为每辆汽车给定的一组特定代码,简称VIN码,由字母和数字组成,共17位,俗称十七位码。它包含了车辆的生产国家、制造厂家、汽车类型、品牌名称、车型系列、车身形式、发动机型号、车型年款等信息。VIN码,就如身份证一样,具有在世界范围内对一辆车的唯一识别性。每一辆新出厂的车被刻上VIN码后,此代码将伴随着车辆的注册、保险、年检、维修与维护,直至回收或报废。

（一）VIN 码组成

VIN 码由 WMI、VDS 和 VIS 三部分组成。"WMI"部分为世界制造厂识别代号,它在世界车辆制造厂内具有唯一性;"VDS"部分为车辆特征说明部分;"VIS"部分为车辆出厂特征的指标部分。

1. 世界制造厂识别代码(WMI)

即 VIN 码的前三位,用以标识车辆的制造厂。

第 1 位:表示地理区域,如非洲、亚洲、欧洲、大洋洲、北美洲和南美洲。

第 2 位:表示一个特定地区内的一个国家。

第 3 位:表示某个特定的制造厂,由各国的授权机构负责分配。如果某制造厂的年产量少于 500 辆,WMI 的第三个字码就是 9。

2. 车辆说明部分(VDS)

即 VIN 码的第 4~9 位,分别对车辆的车型特征进行描述。各个厂家可以根据自己的需要定义每一位的含义,这 5 位字符通常包含的信息为:

轿车,种类、系列、车身类型、发动机类型及约束系统类型。

MPV,种类、系列、车身类型、发动机类型及车辆额定总重。

载货车,型号或种类、系列、底盘、驾驶室类型、发动机类型、制动系统及车辆额定总重。

客车,型号或种类、系列、车身类型、发动机类型及制动系统。

其中 VIN 码的第 9 位为检验位,用于检验 VIN 码的正确性,防止输入错误,同时也可以防止有人篡改 VIN 码。

3. 车辆指示部分(VIS)

即 VIN 码的第 10~17 位,车辆制造厂为区别不同车辆而指定的一组代码。这组代码连同 VDS 部分一起,保证每个车辆制造厂在 30 年之内生产的车辆的 VIN 具有唯一性。

第 10 位:车型年份,即厂家规定的型年(Model Year),是车辆制造厂为某个单独车型指定的,可以不考虑车辆实际制造的历法年份,只要实际周期不超过两个历法年,可以和历法年份不一致。第 10 位的数字或字母对应的年代需要从年份代码表中查取,见表 1-3。

年 份 代 码 表　　　　　　　　　　　表 1-3

年份	数字/字母	年份	数字/字母	年份	数字/字母	年份	数字/字母
2001	1	2011	B	2021	M	2031	1
2002	2	2012	C	2022	N	2032	2
2003	3	2013	D	2023	P	2033	3
2004	4	2014	E	2024	R	2034	4
2005	5	2015	F	2025	S	2035	5
2006	6	2016	G	2026	T	2036	6
2007	7	2017	H	2027	V	2037	7
2008	8	2018	J	2028	W	2038	8
2009	9	2019	K	2029	X	2039	9
2010	A	2020	L	2030	Y	2040	A

第 11 位:装配厂。

第 12~17 位:顺序号。一般情况下,汽车召回都是针对某一顺序号范围内的车辆,即某一批次的车辆。

(二) VIN 码常见位置

汽车的 VIN 码可以在以下几个地方查找到,如图 1-1 所示。(在每个图下横线上写出该位置名称)

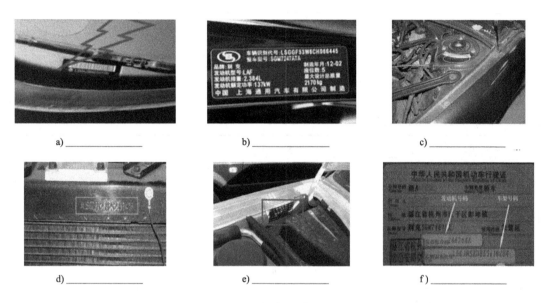

图 1-1 汽车 VIN 码常见位置

(三) VIN 码参考实例

以下是某辆汽车的 VIN 码,如图 1-2 所示。

图 1-2 某汽车的 VIN 码

识读该车的 VIN 码含义,并写在对应的横线上。

A——世界制造厂为:<u>神龙汽车有限公司</u>。

B——车型为:_____,见表 1-4。

车 型 代 码 表　　　　　　　　　　　　　　　　表 1-4

车　　型	车型代码
DC7141RPC　　　　　　　　　　　　　　(富康 1.4)	13
DC7160AXC　　　　　　　　　　　　　　(富康 1.68V)	24
DC7163X　　　　　　　　　　　　　　　(爱丽舍 8V)	72
DC7163 16V　　　　　　　　　　　　　　(爱丽舍 16V)	73
DC7163DT/AT　　　　　　　　　　　　　(新爱丽舍三厢)	70

续上表

车 型		车型代码
DC7160BB/DB	（新爱丽舍两厢）	27
DC7162	（毕加索1.6L）	81
DC7200D	（毕加索2.0L）	82
DC7162D、DC7200DAT/AT	（毕加索007）	83
DC7205/D DC7165AB/DB、DC7205AB/DB	（凯旋） （世嘉两厢）	C4
DC7165BTA/DTA、DC7205DTA	（世嘉三厢）	C1
DC7148（C2 1.4）、DC7168B	（C2 1.6）	62
DC7207DT/DC7237DT/DC7307DT	（C5）	A1

C——车身外形为：_____，见表1-5。

车身外形代码表　　　　　　　　　　　　　表1-5

代　码	车身外形	代　码	车身外形
0	不完整车辆	5	厢式车身
1	两厢5门	8	单厢5门
3	三厢4门		

D——发动机类型为：_____，见表1-6。

发动机类型代码表　　　　　　　　　　　　表1-6

代码	发动机类型	代码	发动机类型
D	TU3JP/K 带三元催化器	P	TU3AF
E	TU5JP/K 带三元催化器/TU5JPI4（老毕加索）	X	EW10A
W	EW10J4	R	EW12A
L	TU5JP4	S	ES9A

E——变速器类型为：_____，见表1-7。

变速器类型代码表　　　　　　　　　　　　表1-7

代　号	变速器类型
2	五挡手动变速器
3	四速自动变速器
4	六速自动变速器

F——检验位，由其他字符产生的检验码。

G——制造年份为：_____，见表1-8。

年份代码表 表1-8

年份	代码	年份	代码	年份	代码	年份	代码	年份	代码
1995	S	1999	X	2003	3	2007	7	2011	B
1996	T	2000	Y	2004	4	2008	8	2012	C
1997	V	2001	1	2005	5	2009	9	2013	D
1998	W	2002	2	2006	6	2010	A	2014	E

H——装配厂为：_____。

0——武汉一厂；2——武汉二厂。

I——车辆顺序号（车架号）为：_____。

项目实施

任务1 汽车品牌识别

识别下列品牌标志，并完善相关信息，见表1-9。

部分汽车品牌及相关知识 表1-9

品牌标志	品牌名称	所属公司	所属国家	品牌常见车型
长安				
观致				
宾利(翼)				
宾利				
中华				
奇瑞				
HAVAL				
启辰				
大众				

续上表

品牌标志	品牌名称	所属公司	所属国家	品牌常见车型
(一汽)				
Ford				
NISSAN				
(长安)				
BYD				
(现代)				

任务2　汽车车系认知

按汽车所属国别或地域的不同,可大致分为国产车、欧系车、美系车、日系车和韩系车,将各系车的代表品牌和风格特点填入表1-10。

主要车系代表品牌及风格特点　　　　　表1-10

车　系	代表品牌	风格特点
国产		
欧系		
美系		
日系		
韩系		

任务3　查找并识读车辆识别代码(VIN码)

随机选择两辆实训教学车,完成相关信息的识别。

1. 车型信息

将车辆相关信息填入表1-11。

实训车辆基本信息　　　　　　　　　　　　　　　表 1-11

品　牌	车　型	厂　家	排　量	车辆类型

2. VIN 码

查找、识别 VIN 码，并将信息填入表 1-12。

实训车辆 VIN 码及含义　　　　　　　　　　　　　表 1-12

位　置	VIN 码	含　义

项目评价

学习结束后，需要及时对学习效果进行评价，为体现评价结果的有效性，评价采用自评、互评和教师评相结合的方式，具体评价内容见表 1-13。

项目一评价表　　　　　　　　　　　　　　　　　表 1-13

能　力	评价内容	分值	自评	互评	教师评
专业、方法能力 (60 分)	1. 知识准备充分、正确	15			
	2. 能全部解读列举品牌，且解读正确	10			
	3. 完整列举各车系品牌、风格特点，总结准确到位	10			
	4. 正确识别两辆实训车基本信息	5			
	5. 能快速、准确找到 VIN 码位置	5			
	6. 正确识读 VIN 码代表含义	15			
综合能力 (40 分)	7. 在查找资料、实际操作、分享展示环节，均有良好的团队分工及协作意识	10			
	8. 有良好的表达沟通能力	10			
	9. 体现出规范的礼仪	10			
	10. 纪律表现良好	10			
合计		100			
总评					

续上表

评语	自评： 签字：
	互评： 签字：
	教师评： 签字：

 项目拓展

汽车的尾部通常有一些英文或字母标识，见表1-14。查找资料，解读表中所列汽车尾部标识的含义。

汽车尾部标识及含义　　　　　　表1-14

尾部标识	含　义
TSI	
TFSI	
TDI	
VVT、CVVT、VVT-i、MIVEC、VTEC、iVTEC	
HYBRID	
DM	
4WD、4×4、4 MATIC、X DRIVE	
S DRIVE	
AWD、quatrro	
R	
GTI	

项目二 汽车内外饰件认知

项目描述

作为汽车美容装饰技术人员,要熟悉汽车内外饰件的组成、材质、特点,以及车身结构等知识。在车辆信息记录及车况检查过程中,需要工作人员能识别不同车型的基本信息,并对外观件名称、内饰件名称有清楚的认识;在实施汽车美容时,必须掌握汽车各个不同材质部位的特性及常见损伤种类;在实施汽车装饰时,要求对汽车车身结构非常熟悉。

学习目标

1. 列举出汽车外观、内饰组成部件;
2. 在实车上正确介绍汽车外观件和内饰件的名称、材质及功用;
3. 与他人合作,进行有效沟通。

建议学时

10学时。

学习引导

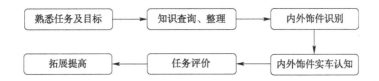

知识准备

一、汽车外观件

汽车外观件是指在汽车外部能够看到的所有部件的总称,由安装在车身外侧的一系列附件组成。汽车外观如图2-1所示。

图2-1 汽车外观

(一)保险杠系统

汽车保险杠属于被动安全件,是吸收缓和外界冲击力,防护车身前后部的安全装置。它的防护结构包括两部分:一是减轻行人受伤的软皮层,主要由弹性较大的塑料或其他弹性体制成;二是能吸收汽车一部分碰撞能量的装置,现在的轿车保险杠本体通常采用塑料材质。汽车前、后保险杠系统如图2-2所示。

a) 前保险杠系统　　　　　　　b) 后保险杠系统

图2-2　汽车保险杠系统

保险杠系统零部件常用材料见表2-1。

保险杠系统零部件常用材料　　　　　　表2-1

序　号	零件名称	常用材料
1	保险杠本体	PP + EPDM-Tx
2	散热器格栅(中网)	ABS、ASA、PC + PET、PP + EPDM-Tx
3	雾灯格栅	ASA、PP + EPDM-Tx
4	前保险杠下部扰流板	PP + EPDM、PP + EPDM-Tx
5	前保险杠脱钩堵盖	PP + EPDM-Tx
6	牌照安装板	ASA、PP + EPDM-Tx
7	中部进气格栅	ASA、PP + EPDM-Tx

(二)外后视镜

汽车外后视镜属于重要安全件,用来反映汽车后方、侧方和下方的情况,使驾驶员可以间接地看清楚这些位置的情况,扩大驾驶员的视野范围,如图2-3所示。

汽车外后视镜主要由镜壳、基板、电机或拉索、调节支座、镜片等零部件组成。镜壳通常采用 ASA、改性 PP 等塑料制成。

(三)前照灯

汽车前照灯,也称汽车大灯,主要是在天气不好的状况下或夜间行车时为驾驶员提供良好的照明条件,如图2-4所示。

汽车前照灯主要由灯罩(配光镜)、灯泡、灯座、反光罩、透镜、灯光调节装置等几部分组成。灯罩通常采用 PMMA、改性 PC 等塑料制成。灯座通常由 ABS 等塑料制成。

图2-3 汽车外后视镜

图2-4 汽车前照灯

(四)后尾灯

后尾灯通常由示宽灯、转向灯、制动灯、后雾灯、倒车灯等组合而成。其主要起警示、提醒行人和后方车辆的作用,如图2-5所示。

汽车后尾灯主要由灯罩(配光镜)、灯泡、灯座、反光罩等几部分组成。灯罩(配光镜)通常采用PMMA塑料制成;灯座通常由耐热ABS、PC或ABS、ASA等塑料制成。

(五)车轮

汽车车轮是汽车的重要部件之一,它直接与路面接触,承受汽车的重量,和汽车悬架共同来缓和汽车行驶时所受到的冲击,保证汽车有良好的乘坐舒适性和行驶平顺性;同时保证车轮和路面有良好的附着性,提高汽车的牵引力、制动性和通过性,如图2-6所示。

图2-5 汽车后尾灯

图2-6 汽车车轮

汽车车轮主要由轮胎、轮毂、轮毂盖等部件组成。轮胎由橡胶材料制成;轮毂通常采用钢、合金(铝合金、钛合金、镁合金)等材料制成,现在也开始出现了碳纤维材质制成的轮毂。轮毂盖通常采用PA6塑料添加一定比例的矿物粉制成。

(六)车窗

1. 车窗玻璃

玻璃是以石英砂、纯碱、长石和石灰石等为主要原料,经熔融、成型、冷却固化而成的非结晶无机材料。

汽车用玻璃必须满足《汽车安全玻璃》(GB 9656—2003)的要求,具有良好的抗冲击、耐磨、耐光照、耐辐射、耐湿和耐热性能。汽车玻璃都是安全玻璃,主要包括夹层玻璃、双层中空玻璃、电热玻璃和钢化玻璃等,如图2-7所示。

2. 车窗胶条

汽车前风窗和后风窗是常闭式的。在车身侧部的车窗与车窗玻璃之间用橡胶密封胶条连接。这种橡胶密封胶条通常称为车窗胶条,主要起密封与缓冲的作用,还可以防止车身受扭转窗口变形时损坏风窗玻璃,如图2-8所示。

图2-7　汽车车窗玻璃

图2-8　汽车车窗胶条

车窗胶条主要采用异丁烯橡胶和三元乙丙橡胶(EPDM)材质。异丁烯橡胶密封条是在异丁烯橡胶中添加炭黑和黏结剂,用挤压成型的方法制成;三元乙丙橡胶(EPDM)密封条抗老化性能非常好,工作环境温度为 $-40 \sim 120℃$。

除上面介绍的六种外观件外,写出汽车其他外观件的名称、作用及材质,见表2-2。

汽车其他外观件的名称作用及材质　　　　表2-2

序　号	外观件名称	作　用	材　质
1			
2			
3			
4			
5			
6			
7			
8			
9			
10			
11			
12			
13			

二、汽车内饰件

汽车内饰件是指在汽车内部安装且能够被直观看到的部件,如图2-9所示。

(一)仪表板系统

仪表板系统通常包含仪表板总成、副仪表板总成、仪表板横梁总成等零部件。其中,仪表板主要包含本体(壳体)、仪表、空调控制系统、风道/风管、出风口、操作面板、开关、音响控制系统、除霜风口、除雾风口、杂物箱、左盖板以及装饰板等零件。副仪表板主要包含驻车制动器盖板、脚部风管、储物盒、金属加强件、烟灰盒、点烟器以及杯托等功能性零件，如图2-10所示。

图2-9 汽车内饰件

图2-10 汽车仪表板系统

仪表板系统零部件常用材料见表2-3。

仪表板系统零部件常用材料　　　　　表2-3

序　号	零件名称	常　用　材　料
1	仪表板	硬质仪表板：改性PP、ABS、ABS+PC、PPO； 软质仪表板：表皮采用PVC+ABS膜、PVC粉料；填充采用半硬泡PU；骨架采用ABS、钢板、PP、PP+木粉、木纤+塑料等
2	手套箱	PP、ABS
3	副仪表板	PP+EPDM+TALC
4	出风口	ABS、PC+ABS
5	饰框	ABS、PC+ABS

（二）门护板

门护板按其材料可分为硬质门护板和软质门护板两类。硬质门护板一般是用ABS或PP塑料注射而成；软质门护板一般是由骨架、发泡材料和表皮材料构成。常见的门护板骨架部分由塑料注射而成，然后再用真空成型的方法，将带有PU发泡材料的针织涤纶表皮复合在塑料骨架上，如图2-11所示。

（三）座椅

汽车座椅一般由骨架、缓冲部分、面套和座椅附件四部分组成。座椅缓冲软垫（座椅填充物）通常采用发泡成型的聚氨酯（PU）泡沫制成。座椅面套一般采用真皮、仿皮（人造革）或针织织物面料，如图2-12所示。

图2-11 汽车门护板

图2-12 汽车座椅

(四)地毯

汽车地毯一般由面料层、中间骨架层和底料层构成。面料层常用 PET 针刺地毯面料和 PA 簇绒地毯面料;中间骨架层一般采用 PE、PP、EVA、EPDM 等橡塑粒子加热到熔融状态后均匀地背涂到地毯面料上;底料层一般采用水刺无纺布或针刺无纺布,如图 2-13 所示。

(五)顶棚

汽车顶棚不仅起到装饰的作用,还起到隔音、隔热和保护车内人员头部的作用。汽车顶棚通常由蒙皮(饰面)和衬垫两部分组成。饰面材料主要由织物、TPO 或 PVC 膜制成,如图 2-14 所示。

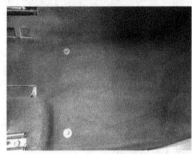

图 2-13 汽车地毯

图 2-14 汽车顶棚

项目实施

任务1 汽车外观件认知

选择一辆实训教学车,写出其主要外观件的名称、作用和材质,见表 2-4。

实训车外观件认知记录表　　　　　表 2-4

名　称	作　用	材　质

任务2 汽车内饰件认知

选择一辆实训教学车,写出其主要内饰件的名称、作用和材质,见表2-5。

实训车内饰件认知记录表　　　　　　　　　　　　　　　　　　表 2-5

名　　称	作　　用	材　　质

项目评价

学习结束后,需要及时对学习效果进行评价,为体现评价结果的有效性,评价采用自评、互评和教师评相结合的方式,具体评价内容见表2-6。

项 目 二 评 价 表　　　　　　　　　　　　　　　　　　表 2-6

能　力	评价内容	分　值	自　评	互　评	教师评
专业、方法能力（60分）	1. 知识准备充分、正确	15			
	2. 汽车内外饰件识别正确	10			
	3. 能在实训车上正确识别外观件名称及材质	10			
	4. 能在实训车上正确识别内饰件名称及材质	10			
	5. 能正确介绍各内外饰件作用及特点	15			
综合能力（40分）	6. 能完成所需资料的查阅和整理资料,能进行独立思考和总结	15			
	7. 有良好的表达沟通能力	10			
	8. 体现出规范的礼仪	5			
	9. 纪律表现良好	10			
	合计	100			
	总评				

续上表

评语	自评： 签字：
	互评： 签字：
	教师评： 签字：

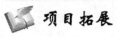 项目拓展

查找资料，了解汽车内外饰材料的发展趋势，并简要写出来。

项目三　汽车美容装饰企业认知

项目描述

为达到最佳的服务水平和运营目标,汽车美容装饰企业需要根据企业类型(单店、连锁、加盟)、企业环境(稳定性)、企业规模等因素来设计组织架构。根据组织经营管理需要和员工职业发展需要制定岗位职责,建立起各岗位的任务、责任、权利以及与其他岗位的关系,将工作内容、工作条件、报酬等结合起来,使员工明确自己在组织中应扮演的角色、应有的权利和应承担的责任,从而保证企业经营管理活动的有效开展。

学习目标

1. 能够说出汽车美容装饰企业种类及特点;
2. 能够说出汽车美容装饰企业的服务项目及服务流程;
3. 能够画出至少两种汽车美容装饰企业组织结构图;
4. 能够描述汽车美容装饰企业各岗位职责;
5. 能够说出汽车美容装饰企业主要设施设备;
6. 能够主动了解与获取有效信息,会展示工作成果,能对学习与工作进行总结和反思;
7. 能够与他人合作,会进行正确表达和有效沟通。

建议学时

8课时。

学习引导

 知识准备

一、汽车美容装饰企业类型

(一)连锁加盟店

汽车美容装饰连锁加盟店如图3-1所示。

图 3-1　汽车美容装饰连锁店

1. 特点

_____

_____

2. 服务项目

_____

_____

3. 服务流程

_____

_____

(二) 综合店

汽车美容装饰综合加盟店如图 3-2 所示。

图 3-2　汽车美容装饰综合店

1. 特点

_____

_____

2. 服务项目

_____

_____

3. 服务流程

_____

_____

(三)专业店

汽车美容/装饰/改装专业店如图3-3所示。

图3-3　汽车音响改装专业店

1. 特点

2. 服务项目

3. 服务流程

(四)4S店美容装饰部

4S店汽车美容装饰部如图3-4所示。

图3-4　4S店美容装饰部

1. 特点

2. 服务项目

3. 服务流程

二、汽车美容装饰企业常见组织架构

(一) 大型综合店

以30人以上的大型汽车美容装饰综合店为例，其常见组织架构设计如图3-5所示。

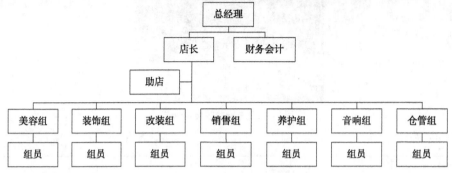

图3-5 大型综合店组织架构

(二) 中型综合店

以15~25人的中型汽车美容装饰综合店为例，其常见组织架构设计如图3-6所示。

图3-6 中型综合店组织架构

(三) 加盟连锁店

以大型汽车美容装饰加盟连锁店为例，其常见组织架构设计如图3-7所示。

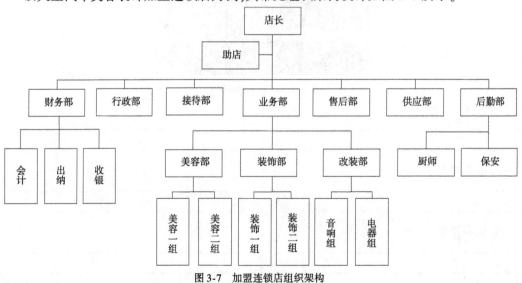

图3-7 加盟连锁店组织架构

三、汽车美容装饰企业岗位职责

以图 3-6 所示中型综合店的组织架构为例,查询资料,完成相应岗位职责的填写,见表 3-1。课堂中根据教师的讲解进行补充和完善。

汽车美容装饰企业岗位职责　　　　表 3-1

岗　位	职　　责	补 充 完 善
总经理		
店长		
财务会计		
洗车员		
美容师		
装饰师		
改装师		
营业员		
仓管员		

项目实施

汽车 4S 店通常将精品销售、新车装饰业务作为推动新车销售、提升利润空间和客户满意度的重要方式。近年来,汽车 4S 店也越来越重视汽车美容业务的开展。因此,有必要对汽车 4S 店的组织架构和各部门职能进行深入的了解。

任务 1　汽车 4S 店组织架构认知

进入汽车 4S 店内,了解其组织架构,并在下面的方框内绘制出组织架构图。

任务2　汽车4S店各部门职能认知

详细了解汽车4S店各部门的职能,将相关信息填入表3-2。

汽车4S店各部门职能划分　　　　　　　表3-2

部　门	职　能

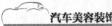 项目评价

学习结束后,需要及时对学习效果进行评价,为体现评价结果的有效性,评价采用自评、互评和教师评相结合的方式,具体评价内容见表3-3。

项目三评价表　　　　　　　表3-3

能　力	评价内容	分　值	自　评	互　评	教师评
专业、方法能力（60分）	1. 知识准备充分、正确	15			
	2. 能主动查询信息,对知识进行合理加工	10			
	3. 能准确绘制4S店组织架构图	15			
	4. 对4S店各部门职能分析到位	20			
综合能力（40分）	5. 有良好的团队分工及协作意识	10			
	6. 有良好的表达沟通能力	10			
	7. 体现出规范的礼仪	10			
	8. 纪律表现良好	10			
合计		100			
总评					

续上表

评语	自评： 签字：
	互评： 签字：
	教师评： 签字：

 项目拓展

对比以下两个企业组织架构图,查找资料、思考分析其优势、弊端以及适用情况,并简要写在表格内相应位置,见表3-4。

不同组织架构对比分析　　　　　　　　表3-4

组织架构	优势	弊端	适用情况
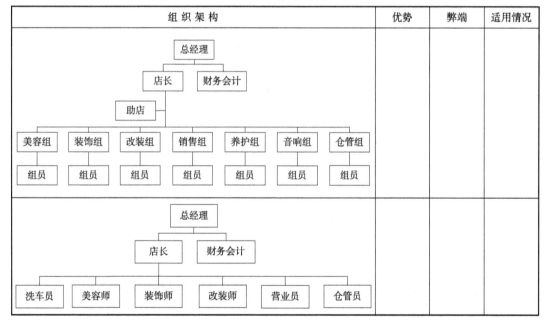			

项目四 7S 管　理

项目描述

当学习、生活、工作现场一片混乱,东西随意摆放、垃圾遍地时,会引起人的心理压抑、思维混乱、心情变坏,更为严重的是导致学习、工作效率低下,学习和工作积极性下降。这样的环境是一个非常失败的环境,这样的现场管理也是失败的。7S管理可以有效地解决这个问题。7S现场管理法目前已经被许多企业执行。7S管理对汽车美容装饰企业而言,在塑造企业的形象、降低成本、准时交车、安全生产、高度的标准化、创造令人心旷神怡的工作场所、现场改善等方面发挥着巨大的作用。因此,学习并掌握7S管理内容和7S开展方法显得非常有必要。

学习目标

1. 能够说出企业现场7S管理的内容和要点;
2. 能够正确运用7S现场管理法对生活、学习、实训(工作)现场进行管理;
3. 能够积极参与并践行7S管理,形成良好的7S管理习惯;
4. 能够养成良好的习惯和作风,完成向现代企业员工的转型。

建议学时

12课时。

学习引导

熟悉任务及目标 → 知识查询、整理 → 实训中心7S活动

拓展提高 ← 任务评价 ← 7S考核标准

知识准备

一、7S管理内容

7S管理内容是_____（Sort）、_____（Straighten）、_____(Sweep)、_____（Sanitary）、_____（Sentiment）、_____（Save）、

_____（Safety）各因素的合称，用第一个英文字母的缩写组合而成。

二、7S 管理要点

(一) 整理

1. 定义

将工作场所任何东西区分为有必要的和不必要的两类，并明确、严格地区分开来，再将不必要的东西尽快地处理掉。

2. 要点

要与不要，一留一弃。

3. 目的

留出空间，空间活用；防止误用、误选。

(二) 整顿

1. 定义

对整理后的现场的必要品分类放置、排列整齐、明确数量、有效标识。

2. 要点

科学布局，取用快捷。

3. 目的

工作场所整整齐齐；缩短找出物品的时间；清除过多的积压物品。

(三) 清扫

1. 定义

将工作场所清扫干净，保持工作场所干净、亮洁。

2. 要点

清除垃圾，美化环境。

3. 目的

清除脏污，保持场内干净、明亮。

(四) 清洁

1. 定义

将整理、整顿、清扫实施的做法制度化、规范化。

2. 要点

清净环境，贯彻到底。

3. 目的

维持整理、整顿、清扫的成果。

(五) 素养

1. 定义

通过晨会等手段，提高员工文明礼貌水准；增强团队意识，养成按规定行事的良好工作习惯。

2. 要点

形成制度，养成习惯。

3. 目的

提升员工的素质,使其认真工作。

(六) 安全

1. 定义

关爱生命,以人为本。

2. 要点

防微杜渐,警钟长鸣。

3. 目的

确保工作生产安全。

(七) 节约

1. 定义

减少企业的人力、成本、空间、库存、物料等消耗。

2. 要点

节约为荣,浪费为耻。

3. 目的

养成降低成本习惯;加强作业人员不能浪费意识教育。

三、7S管理实施步骤

(一) 整理

整理实施步骤如图4-1所示。

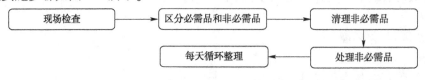

图4-1 整理实施步骤

(二) 整顿

整顿实施步骤如图4-2所示。

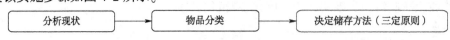

图4-2 整顿实施步骤

整顿要遵循"三定原则",即定点、定容、定量。定点是指限制物品摆放的种类(放置哪里合适);定容是指限制物品摆放的位置和容器(用什么容器、颜色);定量是指限制物品摆放的数量(放置合适的数量)。

(三) 清扫

清扫实施步骤如图4-3所示。

清扫要遵循"三扫原则",即扫漏、扫怪、扫黑。扫漏是指清扫从设备中溢出的机油、油污等杂物;扫怪是指清扫不对劲之处;扫黑是指清扫从设备上及天花板、墙面等落下的脏物、杂物。

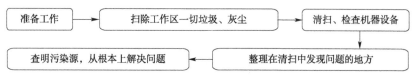

图 4-3　清扫实施步骤

(四) 清洁

清洁实施步骤如图 4-4 所示。

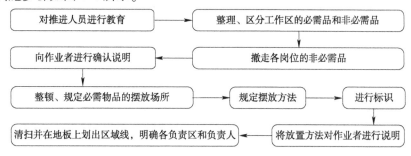

图 4-4　清洁实施步骤

(五) 素养

素养实施要求如图 4-5 所示。

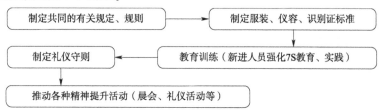

图 4-5　素养实施要求

素养实施要遵循"三守原则",即守纪律,守时间,守标准。

(六) 安全

安全实施要求如图 4-6 所示。

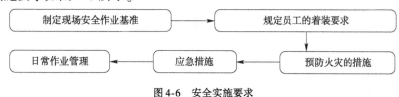

图 4-6　安全实施要求

(七) 节约

节约实施要求如图 4-7 所示。

图 4-7　节约实施要求

项目实施

任务1　7S 管理准备

1. 7S 管理及实施步骤

将 7S 管理内容、要点及实施步骤写在表格相应位置,见表 4-1。

7S 管理内容、要点及实施步骤　　　　　表 4-1

内　容	要　点	实施步骤
1S		
2S		
3S		
4S		
5S		
6S		
7S		

2. 常见管理方法

1) 三定管理

(1) 一定_____,是指_____

(2) 二定_____,是指_____

(3) 三定_____,是指_____

2) 目视管理

(1) 目视管理是指_____
_____

(2) 列举生活、学习及工作中常见的现场目视管理方法:
_____

3) 形迹管理

(1) 形迹管理是指_____
_____

(2) 列举生活、学习及工作中常见的现场形迹管理方法:
_____

任务2　7S 管理实训

1. 7S 实训

制订实训室(中心)的 7S 推进计划,并在工作推进过程中做好相应记录,见表 4-2。

实训室(中心)7S 工作推进表　　　　　　　　　　　　　　　　　　表 4-2

内　容	计划(实施步骤)	发现的问题	解决方案
整理			
整顿			
清扫			
清洁			
素养			
安全			
节约			

2. 7S 考核

运用"实训室(中心)7S 管理考核表"开展 7S 考核评价工作,见表 4-3。

实训室(中心)7S 管理考核表　　　　　　　　　　　　　　　　　　表 4-3

要素	定　义	工 作 要 求	不合格项及说明
整理 1S	区分要用和不要用的,不要用的清除掉,腾出"空间"	1. 物品不混放; 2. 工作场所不留杂物、废物; 3. 废杂物品及时清除,不久放	
整顿 2S	要用的东西依规定定位,定量摆放整齐,明确标识,不用浪费时间找东西	1. 有用物品分类存放,布局合理; 2. 各类设备、工具、物品按顺序摆放整齐; 3. 场地整洁、规范、美观、统一; 4. 物品有标识,查找方便,用后物归原处	
清扫 3S	清除工作场所内的脏污,并防止污染的发生,保持工作场所干净、明亮	1. 工作场所地面打扫干净; 2. 工作台(桌)面清理整洁; 3. 保持卫生责任区内干净清爽; 4. 保持货架(柜)无杂物	
清洁 4S	将上面 3S 实施的做法制度化、规范化,并维持成果	1. 地面、墙壁六面光亮,不留卫生死角; 2. 设备、工具、台面擦洗干净,维护有记录; 3. 卫生值日职责明确,工作内容、范围清楚	
素养 5S	人人依规定行事,从心态上养成好习惯,养成工作讲究认真的习惯	1. 遵守规章制度,不做与学习无关的事; 2. 好学好问,按规范积极参与实训; 3. 谈吐文雅,举止规范有礼貌,爱护公物; 4. 尊敬老师,服从安排,虚心接受批评教育; 5. 不越岗,不串岗,不擅自离岗; 6. 学习场所不争吵,不打闹,不带食物; 7. 结束时将现场整理并验收后离开	

续上表

要素	定 义	工 作 要 求	不合格项及说明
安全 6S	制定正确作业流程;对不符合安全规定的因素及时举报消除,加强安全意识教育	1. 按操作规程使用仪器设备; 2. 按要求正确使用工具; 3. 保持通道畅通无阻; 4. 及时排除安全隐患,无安全责任事故; 5. 结束时关好电源、水源、门窗	
节约 7S	减少成本、空间、时间、库存、物料消耗等因素,养成降低成本习惯	1. 节约用水、用电、用材、用能源; 2. 人员安排合理,学习时间内无空闲人员; 3. 用料科学,不浪费材料,不损坏仪器等; 4. 问题处理及时得当,不推卸和回避责任	
总评	不合格条目达到1条为合格;达到2~3条为基本合格;达到4条及以上为不合格		

项目评价

学习结束后,需要及时对学习效果进行评价,为体现评价结果的有效性,评价采用自评、互评和教师评相结合的方式,具体评价内容见表4-4。

项目四评价表　　　　　　　　　　　　　　表4-4

能　　力	评价内容	分　值	自　评	互　评	教师评
专业、方法能力 (60分)	1. 知识准备充分、正确	5			
	2. 7S管理内容、要点、实施步骤概况精准,已进行正确理解和掌握	8			
	3. 实训现场7S管理计划制订详明、合理	7			
	4. 能发现实训现场7S管理中存在的问题	7			
	5. 依据存在的问题能给予正确的解决方案	8			
	6. 能按照计划实施实训现场7S管理	15			
	7. 实训现场经7S管理后有明显效果	10			
综合能力 (40分)	8. 有良好的团队分工及协作意识	10			
	9. 能根据实际情况灵活调整方法	10			
	10. 工作态度认真、严谨	10			
	11. 纪律表现良好	10			
	合计	100			
	总评				
评语	自评: 　　　　　　　　　　　　　　　　　　　　　　　　　　签字:				
	互评: 　　　　　　　　　　　　　　　　　　　　　　　　　　签字:				
	教师评: 　　　　　　　　　　　　　　　　　　　　　　　　　　签字:				

项目拓展

制作7S管理宣传画

每人制作1张7S管理宣传海报,并设计好展示解说词,全班展示结束后,选择制作精美、思路清晰的海报,粘贴在实训中心和教室内。

项目五 接车检查

项目描述

规范的接车与车况检查确认操作,可以塑造良好的企业形象,给客户带来正规、专业的感受和体验,增加客户对服务的信心;也可以确认车辆施工前的车况,避免一些不必要的纠纷;同时接待人员也可以发现更多的服务项目以增加服务产值。那么,应该如何进行接车和车况检查确认呢?

学习目标

1. 能够正确描述接车流程;
2. 能够准确识别汽车漆面常见损伤情况;
3. 能够运用车况检查表完成车况检查确认工作。

建议学时

12课时。

学习引导

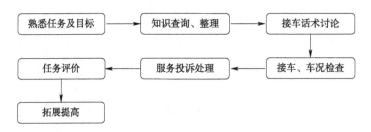

 知识准备

一、接车流程

汽车装饰美容店接车流程大致如下:客户到店后,由销售人员进行接待,完成整个销售过程后,填写施工单并交由施工技师进行车况检查确认,最后开展施工作业,如图5-1所示。

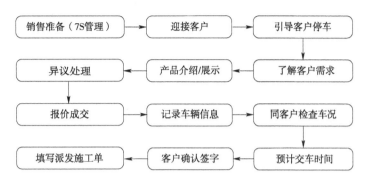

图 5-1　汽车美容装饰店接车流程

二、车况检查

车况检查是在提供汽车美容装饰服务之前，由接车人员或技术人员与车主共同检查确认车况的过程。完整的车况检查由外观检查和室内检查两部分组成，检查过程中根据美容装饰项目的不同，侧重部位应有所不同。

（一）外观检查

外观检查通常叫作环车检查，检查时一般从左前车门开始，按顺时针方向环车一周进行。检查部位应包含所有外观件，其中漆面是外观检查过程中应重点关注的部位，如图5-2所示。

（二）室内检查

进入室内检查前，需要征得客户的同意，并做好室内转向盘、座椅、地板的防护。室内检查分内饰件检查、仪表信息检查和电气系统检查三步进行，如图5-3所示。

图 5-2　外观检查

a) 内饰件检查

b) 电气系统检查

图 5-3　室内检查

仪表信息检查时，除了读取、记录车辆行驶里程和燃油量等信息外，更重要的是能正确识别仪表盘上显示的故障报警灯，并能分析其代表的含义，及时将故障情况告知客户。常见故障灯及其含义见表5-1。

常见故障灯及其含义　　　　　　　　表 5-1

故　障　灯	名　　称	故　障　含　义
 (安全气囊图标)		
 (制动系统图标)		
 (发动机图标)		
 (蓄电池图标)		
 (水温图标)		
 (机油图标)		
 (燃油图标)		
 (ABS图标)		
 (转向图标)		

(三)车况检查表

车况检查过程中,应及时将检查到的情况记录在车况检查表上,检查结束后,请客户签字确认,见表 5-2。

车 况 检 查 表　　　　　　　　　　　表 5-2

车况检查确认表			
车牌号		客户姓名/单位	电话
车型		VIN 号	
施工项目			□ 公里数_____km □ 燃油量检查(用↗标示)
贵重物品 1. 2. 3. （贵重物品请随身携带）			□ 我现在和您一起做一个车辆检查(外观、内饰)，客户口头确认。
是否需要送车		是□　否□　送车地址：	
仪表指示灯信息检查:如有异常,请用"√"标示。			
ABS □　蓄电池 □　发动机转速 □　方向指示灯 □　远光指示灯 □　车速/里程 □　燃油表 □　水温表 □　发动机故障指示灯 □　制动警报灯 □　安全气囊 □　机油压力 □　安全带 □			
车辆外观及内饰检查			
请注明损坏类型！ A 凹凸　H 划痕　S 石击　D 掉漆　X 修复过部位		请注明损坏类型！ W 污渍　P 破损　L 裂纹　B 变形　D 掉色	
日期：	接车人签字：	客户签字：	施工人：
交车检查结果	安装/美容效果良好□	车辆外观干净□	车辆内部清洁□
（和客户确认）	工具无遗漏□	客户物品放回原处□	告知使用注意事项□
客户确认签字：			

项目实施

任务1　汽车漆面状况识别

1.漆面修复不当识别

汽车漆面修复不当时,容易出现表5-3所示状况。试分析其产生的原因。

汽车漆面补漆部位常见状况　　　　　　　　　表5-3

序号	图　示	漆面状况	原因分析
1		色差	
2		橘皮	
3		滴挂	
4		龟裂	
5		孔穴	
6		伤痕	

2. 漆面常见损伤识别

汽车漆面常见损伤情况如表5-4所示。试分析其产生的原因。

汽车漆面常见损伤情况　　　　　　　　　　　　　表 5-4

序号	图示	损伤	原因
1	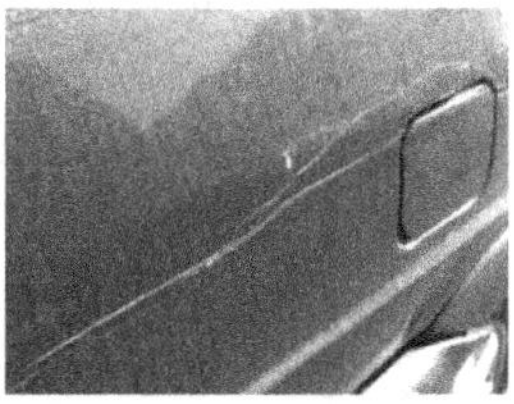	划痕	
2		擦痕	
3	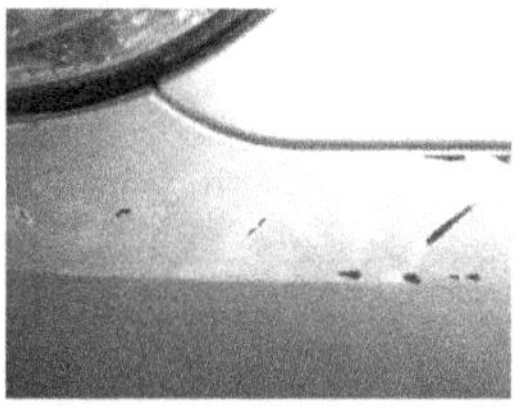	掉漆	
4		变形	
5		老化、龟裂	
6	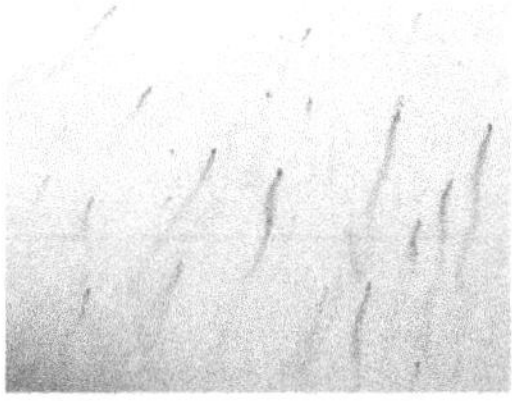	氧化、腐蚀	

任务2　接车演练

根据教师的讲解和演示,运用车况检查表完成接车演练任务,并运用表5-5记录教师点评意见。

接车演练任务记录表　　　　　　　　　　　　　　表5-5

接车流程	完成情况		不足	改进建议
	是	否		
现场准备 (7S管理)				
迎接客户				
引导客户 停车				
记录车辆 信息				
与客户一起 检查车况				
预计交车 时间				
客户确认 签字				
填写派发 施工单				

项目评价

学习结束后,需要及时对学习效果进行评价,为体现评价结果的有效性,评价采用自评、互评和教师评相结合的方式,具体评价内容见表 5-6。

项目五评价表　　　　　　　　　　　　表 5-6

能　力	评价内容	分　值	自　评	互　评	教师评
专业、方法能力(60分)	1. 知识准备充分、正确	8			
	2. 接车流程完整、正确	12			
	3. 话术运用正确、能被客户接受	12			
	4. 车况检查表填写正确、完整	10			
	5. 客户投诉处理话术正确	8			
	6. 投诉处理演练过程合理、方法正确	10			
综合能力(40分)	7. 有良好的团队分工及协作体现	10			
	8. 有良好的表达沟通能力	10			
	9. 体现出规范的礼仪	10			
	10. 纪律表现良好	10			
	合计	100			
	总评				
评语	自评: 　　　　　　　　　　　　　　　　　　　　　　　　　　签字:				
	互评: 　　　　　　　　　　　　　　　　　　　　　　　　　　签字:				
	教师评: 　　　　　　　　　　　　　　　　　　　　　　　　　　签字:				

 项目拓展

案例分析

2018 年 4 月 18 日,王某将自己的轿车送至某汽车服务中心(以下简称中心)清洗,结束后开车返回,行至途中王某发现车内的 DVD 显示屏上有道划痕,于是返回与中心交涉。协商无效后,王某将中心告到当地法院。

王某提出了自己的诉讼请求:"划痕肯定是在车辆清洗过程中造成的,这个 DVD 导航仪是原厂配置,价值 4.6 万元。"王某要求全额赔偿,并提交了中心出具的洗车检查单,以单子未注明存在划痕为由,认为中心在清洗时已默认显示屏处于完好无损状态。

对此,中心的说法是:"清洗完交车时,王某未提任何异议就离开,说明已经认可了我们的服务,划痕也有可能是顾客离开后在途中形成的。"

思考：

(1)结合案例写出：汽车清洗的接车流程。

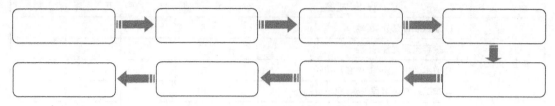

(2)结合案例总结：汽车美容装饰店车况检查确认的意义。

_____

_____

_____

项目六　汽车外观清洁

项目描述

汽车外观清洁实际上就是洗车,洗车服务是汽车美容装饰店及一站式店面的基础性项目,解决的是车主进店的最基本的需求。因此,汽车美容装饰店都非常重视洗车服务的开展,以确保提升客户的满意度。但是要把洗车工作做好也不是一件简单的事情,需要同时具备:专业整洁的洗车环境、先进的工具设备、环保高效的产品、科学合理的流程、业务熟练的洗车技师。

学习目标

1. 能够说出普通洗车和精细洗车的流程;
2. 能够正确使用工具、设备、产品完成普通洗车任务;
3. 能够形成严谨、细致的工作作风。

建议学时

20 学时。

学习引导

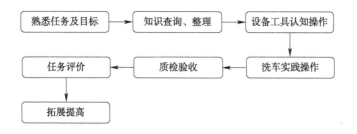

知识准备

一、洗车基本知识

(一) 洗车的作用

洗车的作用如图 6-1 所示。

图 6-1 洗车的作用

(二)洗车项目的价值和意义

洗车是汽车美容护理的基础项目,对汽车美容装饰店有着十分重要的意义。可以提升客户进店数量、产生巨大的销售和服务机会,同时能提高客户满意度、增强客户黏度,在洗车过程中也可以进行客户需求开发和挖掘。

1. 洗车项目的价值

从以下四个角度出发,思考洗车项目能够给各方带来的价值,并简要写出来。

(1)对公司:_____
(2)对客户:_____
(3)对员工:_____
(4)对同事:_____

2. 洗车过程中可发现的服务机会

思考洗车过程中从以下六个方面能够发现哪些服务机会,并将具体服务项目名称写到对应的横线上。

(1)漆面:_____
(2)玻璃:_____
(3)车轮:_____
(4)底盘:_____
(5)室内:_____
(6)发动机舱:_____

(三)洗车的时机

1. 根据气候状况选择

(1)雨天。雨水呈酸性,而酸性物质对车辆的伤害很大。车身长时间淋雨,会受到腐蚀性的伤害。车底长期接触酸性物质,会发生氧化反应,极容易生锈。因此,雨后应及时进行清洁。如果遇到连续雨天,也要选择及时清洁汽车外观。而且在这种环境下,空气潮湿,车内容易滋生细菌,还应对车内进行清洁和蒸汽消毒。

(2)灰霾天气。经历过灰霾天气后,车身会黏附大量灰尘和脏污,时间一长便会在汽车表面形成顽固的"交通膜",不仅影响车漆光泽,而且还会腐蚀漆面。尤其是玻璃部位,严重时会影响驾驶员视线,存在一定的安全隐患。在这种情况下,应及时进行清洁。

2.根据行驶路况选择

(1)工地。行驶在工地或行经工地时,工地沙尘、污泥、沥青、水泥等黏附在车身后,应及时进行彻底清洁,长时间黏附会伤及漆面。

(2)海岸。行驶在海岸有露水或有雾区时,海水盐分会侵蚀车身表面,时间一长车身便会遭受严重腐蚀。在这种情况下,也应及时进行清洁。

(3)撒融雪剂的积雪道路。大雪过后,路面通常会撒融雪剂来加速积雪融化。融雪剂中含有大量盐分,在这种路面上行驶,盐分会随雪水黏附在车身上,一段时间后便会伤害车漆并侵蚀车身,底盘也极易生锈。因此,在这种情况下,应及时进行清洁。

3.其他特殊情况

鸟屎、虫尸、树胶、沥青、柏油、飞漆、水泥等杂物中含有大量高浓度的腐蚀性物质,车身漆面非常容易被侵蚀。这些腐蚀性极强的脏物黏附在车身上的时间越长,对车身漆面及外观件表面的破坏性就越大,应及时进行清除并清洁干净。此外,应注意极端天气状况下不宜进行汽车外观清洁,如夏季太阳暴晒后、极度寒冷天气。

二、洗车设备、工具、产品

认真观察图片或进入实训(室)中心观看实物,查询资料后将名称写在图片下方。

1.设备

洗车设备如图6-2所示。

a)_____ b)_____ c)_____ d)_____ e)_____

图6-2 洗车设备

2.工具

洗车工具如图6-3所示。

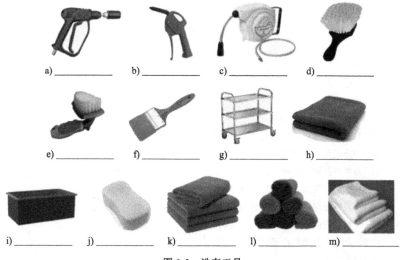

图6-3 洗车工具

3. 产品

洗车产品如图 6-4 所示。

a) _____

b) _____

c) _____

图 6-4　洗车产品

三、洗车流程

1. "十步操作法"

接车检查→一次冲洗→喷洒泡沫→擦洗车辆→二次冲洗→车身除水→室内吸尘→室内清洁→质检验收→交接车辆。

2. 操作要点

一步接车要规范,车辆信息要记录,车况检查要实施;
二步冲洗有讲究,自上而下依次冲,绕车一周要冲完;
三步泡沫要喷匀,站在车前往后喷,注意用量要适当;
四步擦洗两人做,从头到尾齐并进,车身下端最后擦;
五步冲洗要细致,自上而下绕车转,边角缝隙要冲净;
六步擦车要认真,三色毛巾分区擦,玻璃要用鹿皮巾;
七步地板要吸尘,门框四周要清洁,脚垫放入要到位;
八步内饰要擦拭,选用咖啡色毛巾,从前往后认真做;
九步质检要把关,车外车内要看清,不达标准不交车;
十步交车讲礼仪,目送客户到离开,快速恢复理现场。

四、洗车作业标准

洗车作业详细标准见表 6-1。

洗车作业标准　　　　　　　　　表 6-1

流　　程	实施要点与标准	设备工具材料
1. 接待车辆	(1) 主动上前,引导客户到预停区; (2) 帮客户拉开车门,主动问好; (3) 询问需求; (4) 动作规范、语言清晰	—
2. 车况检查	(1) 拿出事先准备好的车况检查表和笔; (2) 快速记录车辆信息; (3) 与客户共同进行环车检查; (4) 从左前门开始,按顺时针方向环车检查; (5) 发现明显问题时立即告知客户,做好记录; (6) 征得客户同意后进入车内检查内饰; (7) 检查完毕交由客户签字确认; (8) 组长派工	三件套; 纸夹; 车况检查表; 中性笔

续上表

流　　程	实施要点与标准	设备工具材料
3.取出脚垫	(1)将脚垫微微卷起,慢慢拿出; (2)避免触碰到内饰; (3)避免灰尘掉到地毯上; (4)记住脚垫对应的车辆	脚垫清洗架
4.冲洗车身	(1)观察周围是否有人; (2)将水枪对准地面,调整好压力; (3)从车顶开始,从上到下绕车一周冲洗完毕; (4)轮框、车门下方、保险杠下部认真冲洗; (5)先关机后关枪	高压洗车机; 高压水枪
5.喷洒泡沫	(1)观察周围是否有人; (2)站到车辆正前方,向后喷洒; (3)喷洒均匀,覆盖面达90%,不要喷过多	泡沫机; 洗车液
6.擦洗车辆	(1)准备好两种海绵(葫芦形擦腰线以上、圆形擦腰线以下); (2)两人从发动机舱盖两侧开始,同时往后擦,不遗漏; (3)两种海绵不混用	葫芦形海绵; 圆形海绵
7.清洁车轮	(1)用轮胎刷刷洗轮胎; (2)用海绵擦拭轮毂; (3)擦轮毂海绵不能与车身海绵混用; (4)轮辐侧部要认真擦拭	轮胎刷; 擦轮毂海绵; 洗车液
8.清洁脚垫	(1)真皮、PU革脚垫:喷洒万能泡沫清洗剂,用潮湿毛巾擦干净; (2)亚麻、化纤、呢绒脚垫:先用水枪冲洗,再喷洒清洗剂,用板刷刷洗,后甩干; (3)橡胶、PVC塑料、丝圈脚垫:先用水枪冲洗,再喷洒清洗剂,刷洗后,擦干即可	高压洗车机; 甩干机; 高压水枪; 脚垫刷; 毛巾; 泡沫清洁剂
9.再次冲洗	(1)观察周围是否有人; (2)从车顶开始,从上到下绕车一周冲洗完毕; (3)中网、进气栅、车标、胶条缝、导水槽、门把手、后视镜、前照灯缝处认真冲洗; (4)冲洗至全车无泡沫	高压洗车机; 高压水枪
10.车身擦水	(1)两人拉住大毛巾四角,从发动机舱盖开始向后拖水(拉到刮水器处,将刮水器抬起在毛巾上抖干),拉到行李舱盖再反向操作一次; (2)准备好三色毛巾(红色擦车腰线以上、咖啡色擦玻璃、蓝色擦车腰线以下),折成四方形,手形打开,两人从两侧同时擦拭; (3)三色毛巾不混用	拖水大毛巾; 三色小毛巾
11.车身吹干	(1)气枪距车身15~20cm,不触碰车身表面; (2)认真吹干中网、进气栅、车标、胶条缝、导水槽、门把手、后视镜、前照灯缝处积水; (3)边吹边用毛巾擦拭吹出的积水	空压机; 气枪; 擦车小毛巾

续上表

流　程	实施要点与标准	设备工具材料
12. 清洁门框	(1) 用门框专用毛巾； (2) 开门务必注意安全； (3) 按"左前门框—左后门框—尾门框—加油口盖—右后门框—右前门框"顺序擦拭； (4) 毛巾折成具有8个面的形状，每擦完1个门框更换1个面； (5) 门框较脏时，用小毛刷配合洗车液进行清洗	小毛刷； 擦门框毛巾； 洗车液
13. 物品收纳	(1) 观察车主物品摆放位置； (2) 将车主物品小心收入收纳盒； (3) 有职业道德，不拿车主贵重物品和现金； (4) 不允许使用车上音响系统	收纳箱
14. 室内吸尘	(1) 一手拿吸管、一手拿吸嘴； (2) 吸嘴禁止触碰桃木、屏幕、镀铬件、仪表盘； (3) 在地毯上按顺序来回吸； (4) 吸座椅时，先用手掌拍打几下再吸； (5) 记得清洁烟灰缸	吸尘器
15. 内饰清洁	(1) 按比例配好内饰清洗液； (2) 用白色毛巾配合内饰清洗枪擦拭； (3) 按从上到下、从前到后的顺序； (4) 认真将脏污、灰尘清洁干净	空压机； 内饰清洗枪； 白色毛巾； 内饰清洗液
16. 内饰护理	(1) 用皮水或表板蜡对塑胶件、皮革件表面进行上光护理； (2) 上光护理剂喷涂过多时，应用干净的海绵轻轻擦拭涂开； (3) 织物座椅应用专用护理剂进行护理	海绵； 皮水； 表板蜡
17. 放回物品	(1) 根据车主之前的物品摆放位置进行原位恢复； (2) 认真检查，确认所有物品都放回原位	—
18. 放入脚垫	(1) 将脚垫微微卷起，慢慢放入； (2) 避免触碰到内饰； (3) 放正位置，注意不要压住行车踏板	—
19. 质检验收	(1) 结合验收标准先自检； (2) 交由质检员或组长质检	笔； 质检验收表
20. 交接车辆	(1) 交还钥匙； (2) 左手打开车门，右手背起，请客户入车； (3) 礼送，致欢送词："您慢走，欢迎下次光临！"	—

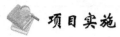

项目实施

任务1　洗车设备、工具、产品认知

观看洗车设备、工具、产品实物，并查询资料，完成相关信息的填写，见表6-2。

洗车设备、工具、产品认知 表 6-2

汽车设备、工具、产品	作　　用	操 作 方 法

任务2 洗车实训

1. 制订工作计划

小组讨论、制订洗车实训工作计划,见表6-3。

洗车实训工作计划　　　　　　　　　表6-3

序号	工作步骤	工作人员	工作内容
1	接车		
2	车况检查确认		
3	取出脚垫		
4	冲洗车身		
5	打泡沫		
6	擦车		
7	清洁轮胎、轮毂		
8	清洁脚垫		
9	再次冲洗		
10	擦水		
11	吹水		
12	清洁门框（含行李舱门）		
13	车内物品收纳		
14	内饰吸尘		
15	清洁内饰		
16	护理内饰		
17	车内物品放回		
18	放入脚垫		
19	质检		
20	交车		

2. 车身冲洗顺序

思考并写出车身冲洗顺序。

_____

_____

3. 洗车实训

参照洗车作业标准,按工作计划开展洗车实训,并在表格中做好相关记录,见表6-4。

洗车实训过程记录　　　　　　　　　　　　　　　　　表 6-4

序号	工作步骤	完成情况 是	完成情况 否	不足	改进建议
1	接车				
2	车况检查确认				
3	取出脚垫				
4	冲洗车身				
5	打泡沫				
6	擦车				
7	清洁轮胎、轮毂				
8	清洁脚垫				
9	再次冲洗				
10	擦水				
11	吹水				
12	清洁门框（含行李舱门）				
13	车内物品收纳				
14	内饰吸尘				
15	清洁内饰				
16	护理内饰				
17	车内物品放回				
18	放入脚垫				
19	质检				
20	交车				

4.质检验收

按洗车验收标准进行洗车质检验收，见表6-5。

洗车验收标准　　　　　　　　　　　　　　　　　表 6-5

部位	验收要点	分值	得分 1组	得分 2组	得分 3组	得分 4组
外观	漆面无水迹、后视镜及其他缝隙无滴水	5				
外观	车身无泥沙、虫渍	5				
外观	车窗玻璃洁净明亮、无水迹	5				
外观	玻璃胶条、车身亮条清洁干净	5				
外观	保险杠、中网清洁干净	5				
外观	轮胎、轮毂干净，轮胎已上光且上光均匀	5				
外观	轮框清洗干净无泥沙	5				
外观	车身裙部无泥沙、排气管无泥沙、牌照下侧无泥沙	5				

续上表

部位	验收要点	分值	得分			
			1组	2组	3组	4组
驾驶室	全车门框、门边无水迹、无灰尘	5				
	仪表板无灰尘	5				
	烟灰缸无烟灰	2				
	座椅无灰尘、脏物,坐垫摆放整齐	3				
	地毯无沙粒、无灰尘,清洗后的脚垫无水迹	5				
	门板、立柱护板上无灰尘、水迹	5				
	杂物箱、扶手箱、门边置物格清洁干净、无脏物	5				
	车主物品、座椅位置恢复到位	5				
行李舱	行李舱门框、门边无水迹、无灰尘	5				
	行李舱内无灰尘、脏物	5				
	行李舱物品恢复到位	5				
场地	现场卫生已整理	5				
	设备、工具、产品已归位	5				
合计		100				
备注:80 分及以上为合格;80 分以下为不合格,需进行返工						

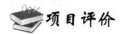

项目评价

学习结束后,需要及时对学习效果进行评价,为体现评价结果的有效性,评价采用自评、互评和教师评相结合的方式,具体评价内容见表 6-6。

项目六评价表　　　　　　　　　　　　　　　　　　　　　表6-6

能　力	评价内容	分　值	自　评	互　评	教师评
专业、方法能力 (60 分)	1.知识准备充分、正确	10			
	2.设备、工具及产品的功能、操作方法描述准确	5			
	3.工作计划制订合理、分工明确	5			
	4.高压水枪冲洗路线正确	5			
	5.洗车操作流程正确、动作到位	15			
	6.效果达到验收标准(根据洗车验收打分表进行折算;另外每返工一次扣 5 分)	20			
综合能力 (40 分)	7.有良好的团队分工及协作体现	8			
	8.有良好的表达沟通能力	5			
	9.体现出规范的服务礼仪	5			
	10.纪律表现良好	5			
	11.有良好的安全意识	7			
	12.有良好的职业道德	10			

续上表

能　　力	评价内容	分　　值	自　评	互　评	教师评
	合计	100			
	总评				
评语	自评： 　　　　　　　　　　　　　　　　　　　　　　　签字： 互评： 　　　　　　　　　　　　　　　　　　　　　　　签字： 教师评： 　　　　　　　　　　　　　　　　　　　　　　　签字：				

项目拓展

精致洗车服务流程

精致洗车是比普通洗车更加精细的汽车清洁服务，流程见表6-7。

精致洗车流程　　　　　　　　　　　　　　表6-7

序号	项目工序	人员、工具	材料、产品
1	接车检查	专职移车员、质检员	
2	高压冲洗车身、底盘	高压水枪、高压洗车机	自来水
3	飞虫斑迹脱落	顽垢专用毛巾	飞虫脱落剂
4	轮圈呵护	轮圈专用毛刷	轮圈清洁剂
5	水蜡喷洒	泡沫清洗机、车身上下分开专用海绵	高级3合1水蜡
6	低压冲洗	低压水枪、高压洗车机	自来水
7	清洗脚垫	高压水枪、高压洗车机、脱水机	脚垫清洗液
8	车身拉水擦拭	车身上下分开专用毛巾	
9	边缝吹水	高压气枪	
10	车身细致擦拭	车身上下分开专用毛巾	
11	空调口除垢	专业龙卷风、空调口专用毛刷	空调清洁杀菌液
12	仪表台及转向盘呵护	专业龙卷风、专用毛巾	内饰清洁杀菌液
13	座椅呵护	专业龙卷风、专用毛巾	专业座椅清洁液
14	换挡杆及烟灰缸呵护	专业龙卷风、专用毛巾	内饰清洁杀菌液
15	顶棚呵护	专业龙卷风、专用毛巾	内饰清洁杀菌液
16	门板呵护	专业龙卷风、专用毛巾	内饰清洁杀菌液
17	玻璃清洗	专业麂皮、毛巾	玻璃清洁剂

续上表

序号	项目工序	人员、工具	材料、产品
18	车内吸尘	专用吸尘器	
19	放入脚垫	手工整理	
20	行李舱清洁整理	吸尘器、手工归纳整理	
21	发动机舱清洁	专用毛巾	
22	添加风窗清洗液	手工添加	风窗清洗液
23	轮胎上光保护	轮胎专用海绵	轮胎上光保护剂
24	质检	质检员	
25	交车	专职移车员	

思考:精细洗车与普通洗车有什么区别?

_____
_____
_____

项目七　汽车外观件护理

项目描述

情形1：车辆制动时，制动盘会因摩擦产生很多铁粉而吸附在轮毂上，长时间不清洁会造成轮毂发黄。

情形2：车身亮条、镀铬件经风吹日晒后，会出现氧化层，造成失色、失光。

情形3：玻璃胶条、车身塑料件经紫外线长期照射后发生老化，造成塑胶件发白。

情形4：车窗玻璃会接触到一些水（不是纯水，含有有色物质，一旦凝固后很难去除）而产生水痕，洗车过程难以清除掉，下雨时刮水器刮水后玻璃变得模糊不清。前车排气管排放的尾气中含有的油性物质会粘在前风窗玻璃上，形成油膜，夜间下雨使用刮水器后，对面车辆的灯光照过来，会令风窗玻璃产生白茫茫呈块状的膜印，非常影响视线。

这些情形的出现，会影响汽车外观的整洁和靓丽，甚至影响到行车安全，这就需要选用正确的产品和工具对各外观件进行恢复和护理。

学习目标

1. 能够说出汽车玻璃、前照灯、轮毂、塑胶件的护理方法；
2. 能够正确判断各外观件受损种类和原因；
3. 能够完成汽车玻璃、前照灯、轮毂、塑胶件的恢复和护理；
4. 能够养成认真、仔细的工作习惯、有主动学习探索意识。

建议学时

18学时。

学习引导

知识准备

一、汽车外观件受损种类及原因

查阅资料，思考并分析表7-1中图片所示情况的产生原因，并简要写在表格内对应位置。

汽车外观件常见受损种类及原因　　　　　　　　　表7-1

序号	图　示	受损种类	受损原因
1		玻璃油膜	
2		车窗胶条老化发白	
3		镀铬件氧化	
4		前照灯发黑	
5		轮毂发黄	

二、汽车外观件修复护理

(一)车窗玻璃修复护理

1. 车窗玻璃知识

(1)车窗玻璃的组成成分：_____

(2)车窗玻璃的种类：＿＿＿＿＿＿＿＿＿＿＿＿＿＿＿＿＿＿＿＿＿＿＿＿＿＿＿＿

(3)车窗玻璃上黏附的有害物质：＿＿＿＿＿＿＿＿＿＿＿＿＿＿＿＿＿＿＿＿

2.车窗玻璃修复护理工艺

车窗玻璃修复护理工艺见表7-2。

车窗玻璃修复护理工艺　　　　　　　表7-2

工艺	图示	工作内容	所需工具、产品
1.外观清洗		去除玻璃上的灰尘和大部分污渍	洗车设备、工具、产品
2.去黏附层	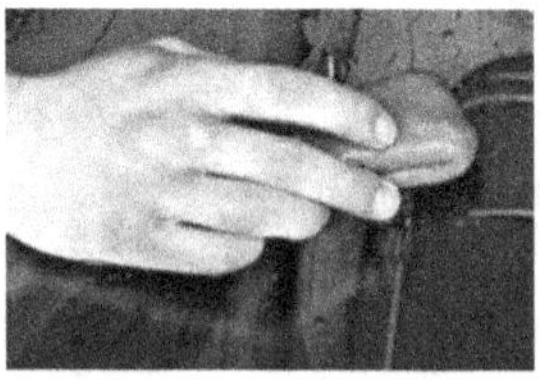	去除氧化层、沥青、树胶、鸟粪、虫渍等顽固污垢	1.洗车泥；2.喷壶；3.清洗液
3.酒精清理		用布蘸上酒精再一次清理玻璃表面	1.75%的医用酒精(对人体无害)；2.无纺布
4.玻璃抛光		如玻璃表面存在划痕等缺陷，可进行抛光操作	1.抛光机；2.研磨剂
5.玻璃镀膜	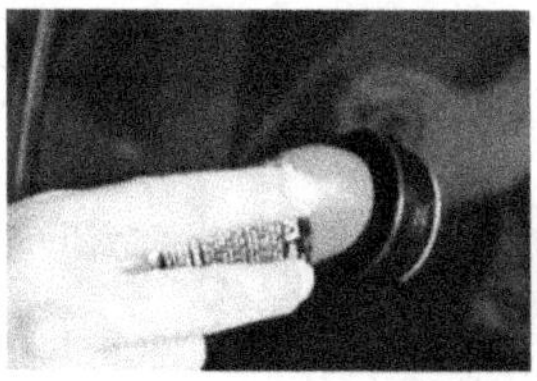	将镀膜剂均匀地涂抹在玻璃上，等待干燥后用干布进行擦拭	1.镀膜剂；2.无纺布

(二)前照灯修复护理

1. 前照灯知识

(1)前照灯组成：_____

(2)前照灯灯罩材质：_____

2. 前照灯修复护理工艺

前照灯修复护理工艺见表7-3。

前照灯修复护理工艺　　　　　　　　　　表7-3

工艺	图示	工作内容	所需工具、产品
1.查看前照灯		确定修复类型及修复程度	—
2.拆卸前照灯	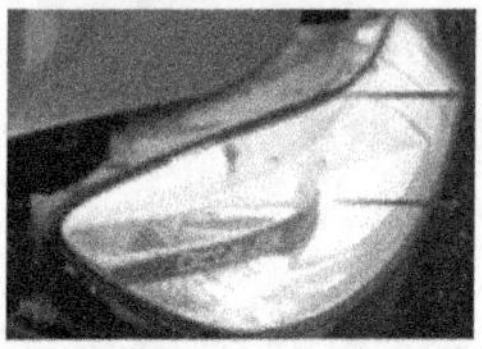	按要求正确拆卸前照灯总成	套装工具
3.除油、除蜡		用专用除油布蘸少许前照灯前处理剂擦拭前照灯，它不但可以除油、除蜡，还有防静电作用	1.专用除油布；2.前照灯前处理剂
4.打磨、抛光		表面有划痕时，根据划痕深浅选择合适型号（从粗到细）的砂纸打磨，再进行抛光操作	1.各型号砂纸；2.抛光机；3.研磨剂
5.清洁灯面	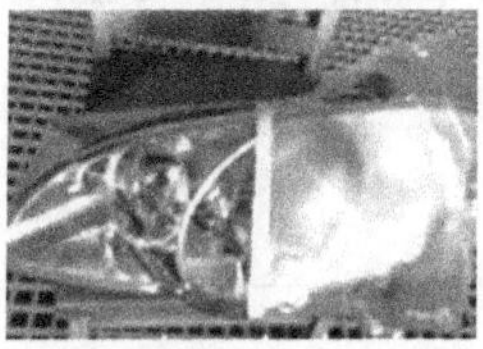	将前照灯上的水渍、打磨粉尘擦干净，并用风枪吹干	1.毛巾；2.气枪；3.空压机
6.封边		把无须镀膜的部位用遮蔽膜或报纸封闭好	遮蔽纸

续上表

工艺	图示	工作内容	所需工具、产品
7.前照灯镀膜	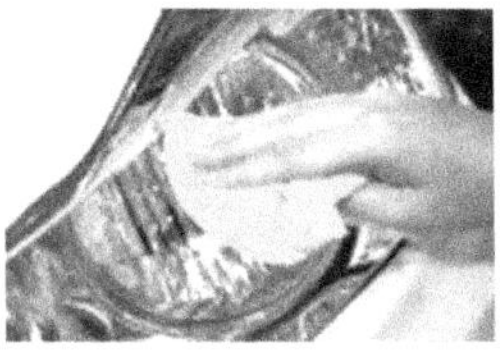	将前照灯修复材料(镀膜剂)用专用毛巾均匀涂抹在灯表面	镀膜剂
8.安装、检查		按照安装顺序正确安装前照灯,并进行测试	套装工具

(三)轮毂清洁护理

1. 轮毂知识

(1)轮毂材质:＿＿＿＿＿＿＿＿＿＿＿＿＿＿＿＿＿＿＿＿＿＿＿＿＿＿＿＿

(2)汽车轮毂的种类:＿＿＿＿＿＿＿＿＿＿＿＿＿＿＿＿＿＿＿＿＿＿＿＿

2. 轮毂清洁护理工艺

轮毂清洁护理工艺见表7-4。

轮毂清洁护理工艺   表7-4

工艺	图示	工作内容	所需工具、产品
1.擦洗轮毂		冲洗后,用海绵、柔软的毛刷擦洗轮毂,清除大部分污渍	1.高压洗车机; 2.轮毂海绵; 3.毛刷
2.去氧化层	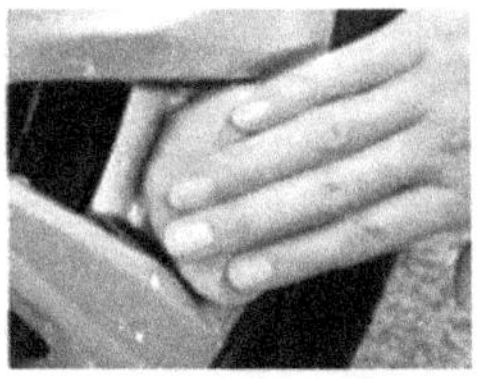	用使用过一段时间的洗车泥用力擦拭去除氧化层	1.洗车泥; 2.喷壶
3.研磨、抛光		针对污垢较多、黏附较牢的轮毂,前两步无法完全清除干净,要用毛巾醮较粗的研磨剂进行手工研磨,之后再进行手工抛光处理	1.毛巾; 2.研磨剂; 3.抛光剂

续上表

工　艺	图　示	工作内容	所需工具、产品
4.清洁吹干		待所有污垢去除后,用干净的毛巾清洁轮毂,并用气枪进行吹干	1.气枪; 2.空压机; 3.毛巾
5.镀膜护理		用专用毛巾将镀膜剂均匀涂抹在轮毂表面	1.轮毂镀膜剂; 2.专用毛巾

(四)亮条(电镀件)翻新护理

1.亮条(电镀件)材质

(1)亮条(电镀件)部位：_____

_____

(2)亮条(电镀件)材质：_____

_____

2.亮条(电镀件)翻新护理工艺

方法一：擦洗→洗车泥去除氧化层→手工研磨、抛光→涂抹镀膜剂。

方法二：擦洗→喷亮条/车标翻新剂→擦拭。

(五)塑胶件翻新护理

1.塑胶件知识

(1)车身塑胶件部位：_____

_____

(2)车身塑胶件材质：_____

_____

2.塑胶件翻新护理工艺

擦洗→喷塑胶件(胶条)翻新护理剂→擦拭。

 项目实施

任务1　汽车外观件受损分析

观察实训车辆,判断外观件受损种类,分析受损原因,并简要写在表格对应位置,见表7-5。

汽车外观件受损分析　　　　　　　　　　表 7-5

外观件名称	受 损 种 类	受 损 原 因

任务 2　汽车外观件修复护理实训

1. 制订工作计划

小组讨论、制订汽车外观件修复护理工作计划，并写在表 7-6 对应位置。

汽车外观件修复护理工作计划　　　　　　　　　　表 7-6

外观部位	解决方案	所需工具、产品	恢复/翻新护理人员

2. 汽车外观件修复护理

参照汽车外观件修复护理工艺，按照工作计划开展外观件修复护理实训，并在表 7-7 中做好相关记录。

汽车外观件修复护理过程记录　　　　　　　　　表7-7

序号	外观部位	完成情况 是	完成情况 否	不足	改进建议
1					
2					
3					
4					
5					
6					
7					

项目评价

学习结束后,需要及时对学习效果进行评价,为体现评价结果的有效性,评价采用自评、互评和教师评相结合的方式,具体评价内容见表7-8。

项目七评价表　　　　　　　　　表7-8

能力	评价内容	分值	自评	互评	教师评
专业、方法能力（60分）	1. 知识准备充分、正确	8			
	2. 能正确判断外观件受损种类,并能正确分析原因	13			
	3. 工作计划制订合理、分工明确	7			
	4. 严格按照计划和工艺实施活动	7			
	5. 操作方法正确、工具产品使用合理,能根据实际情况作出调整	10			
	6. 翻新护理效果良好	15			
综合能力（40分）	7. 有良好的团队分工及协作意识	8			
	8. 有良好的沟通表达能力	7			
	9. 体现出规范的服务礼仪	7			
	10. 纪律表现良好	8			
	11. 有良好的安全意识	10			
	合计	100			
	总评				

续上表

评语	自评： 签字：
	互评： 签字：
	教师评： 签字：

 项目拓展

汽车外观件的翻新护理产品很多,使用效果也存在一定的差异,查阅资料,找出市面上其他翻新护理产品,并介绍其使用方法。

1. _____

_____

2. _____

_____

_____

3. _____

_____

_____

4. _____

_____

_____

5. _____

_____

_____

6. _____

_____

_____

项目八 汽车内饰清洁护理

项目描述

情形1：内饰受外界油、尘、泥沙、乘员吸烟、汗渍及空调循环等不良因素的影响，使车内空气受污染、滋生细菌、产生刺激性的气味，危害人体健康。

情形2：内饰部件上黏附大量灰尘和污垢，顶棚、地毯被脏污污染，室内脏浊不堪，影响心情。

情形3：车辆长期在太阳下暴晒，仪表台、真皮座椅、门板、转向盘饱受通过车窗进入的紫外线侵袭，造成塑胶件、皮革件老化、失色。

这些情形都是由于内饰缺乏正确和及时的清洁护理造成的，因此，只有通过开展正确、及时和有效的内饰清洁护理工作，才能营造健康、优良、舒适的驾乘环境。

学习目标

1. 能够说出汽车主要内饰件的名称、材质和功能；
2. 能够正确判断污垢种类，分析其形成过程；
3. 能够按照标准工艺完成内饰清洁护理；
4. 能够养成认真、细致的工作习惯。

建议学时

18学时。

学习引导

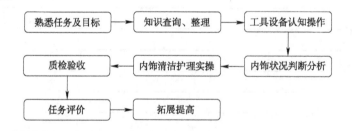

 知识准备

一、汽车内饰清洁护理基本知识

（一）汽车内饰件组成

汽车内饰件组成如图8-1所示。

项目八　汽车内饰清洁护理

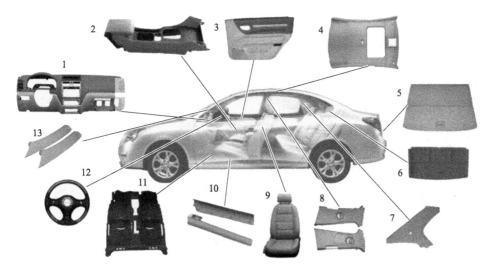

图 8-1　汽车内饰件组成图

查阅资料,在表 8-1 中写出图 8-1 所示内饰件的名称、作用和材质。

汽车内饰件的名称、作用和材质　　　　　表 8-1

序号	名　称	作　用	材　质
1			
2			
3			
4			
5			
6			
7			
8			
9			
10			
11			
12			
13			

(二)汽车内饰污垢种类及形成过程

1.汽车内饰污垢种类

1)水溶性污垢

汽车内饰的水溶性污垢主要有糖浆或果汁中的有机酸、血液及具有黏附性的液体等。

65

2)非水溶性污垢

汽车内饰的非水溶性污垢主要有泥、沙、金属粉末、铁锈、虱虫等。

3)油脂性污垢

汽车内饰的油脂性污垢主要有润滑油、漆类产品、油彩、沥青及食物油等。

2.汽车内饰污垢的形成过程

汽车内饰污垢的形成包含黏附、渗透和凝结三个过程。

1)黏附

汽车室内污垢在重力的作用下停落或黏附在物件表面,当有压力或摩擦力产生时,污垢会渗透物件的表层,变得难以去除,如汽车玻璃及仪表板上的灰尘。

2)渗透

饮料或污水会渗透物件的表面,被物件所吸收,导致很难清除。如车门内饰板、后风窗玻璃台面、脚垫上的饮料或血渍等。

3)凝结

黏性污垢变干凝固后,会紧紧粘在物件表面,如汽车内饰丝绒、脚垫或地毯表面的轻油脂类污垢。

(三)汽车内饰污垢去除方法

汽车内饰污垢可借助水、清洁剂、作用力、高温蒸汽进行去除,有时需要几种方法相互配合才能达到最佳的去污效果。在表8-2内相应位置写出各方法的去污原理。

汽车内饰污垢去除方法及原理 表8-2

序号	去污方法	去污原理
1	高温蒸汽	
2	水	
3	清洁剂	
4	作用力	

二、汽车内饰清洁护理作业标准

汽车内饰清洁护理是一项系统、细致的作业,要遵循规范的作业标准,见表8-3。

汽车内饰清洁护理作业标准 表8-3

工作步骤	图示	工作内容
1.整理物品		记住车上物品的摆放位置,以便清洗后按原位摆放。用专用收纳箱收好客户随车物品,并妥善保管

续上表

工作步骤	图示	工作内容
2.除泥去垢		用清水或清洗剂把门边、门框、门槛压条、门铰链、脚踏板等边沿死角的泥巴、污垢清洁干净
3.吸尘除尘		(1)吸尘： ①将车内的脚踏垫和杂物取出,抖去尘粒； ②用吸尘器吸尘(遵循从高到低的原则),首先进行顶棚的除尘,然后依次是仪表板、座椅、门板、地板及行李舱； ③地板吸尘分两次操作,第一次吸掉沙粒,第二次更换带刷子的吸头,边刷边吸,主要吸掉灰尘； ④注意地板拐角部位的尘垢,必要时应反复吸至干净
	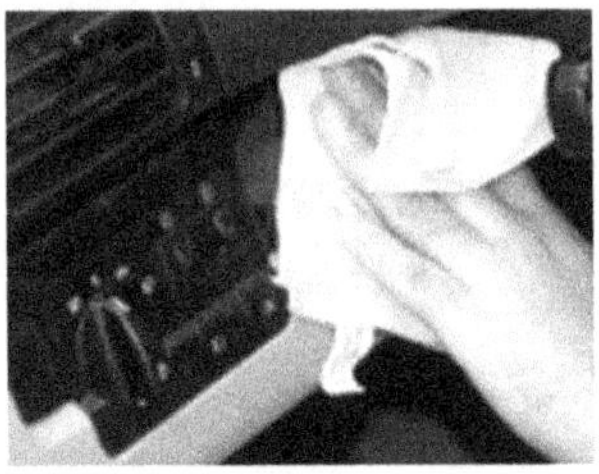	(2)除尘： 用干净的半湿毛巾擦拭仪表台、副仪表板、转向盘、真皮座椅、门板、地胶表面未完全吸干净的灰尘,以进一步除尘
4.安全防护		用遮蔽纸或纸胶带把中控台及车门上的电子设备和开关遮挡住,以免清洁时这些电子设备因进水而发生短路
5.全车桑拿		在对内饰件进行深度清洁及护理前,用高温蒸汽消毒机对全车进行杀菌消毒,同时可以增加内饰污垢的活性,使得清洁时污垢更容易从内饰件表面分离。重点针对车内的空调出风口、座椅、地毯等几个容易积存灰尘和细菌的部位进行杀菌处理

续上表

工作步骤	图 示	工作内容
6. 清洁护理顶棚		(1)喷洒清洁剂： 均匀喷洒泡沫清洁剂，一次不可喷洒太大范围
		(2)擦拭： 1min 后，待泡沫充分浸透顶棚的织物，用半湿的干净毛巾擦掉泡沫
		(3)顶棚护理： 均匀喷洒丝绒/织物护理剂
7. 清洁护理仪表台		(1)喷洒清洁剂： 均匀喷洒泡沫，一次不可喷洒太大范围
		(2)刷洗： 用软毛刷刷洗被喷洒的部位（如果仪表台有真皮或钢琴漆部位，刷洗时就不能太用力，以免划伤）

续上表

工作步骤	图 示	工作内容
7. 清洁护理仪表台		(3)清洁出风口： 清洗空调出口，注意不要直接把泡沫喷洒在空调出口上（泡沫被喷进出风口内会不容易清洗），可以先把泡沫喷在软毛刷上，然后再对出风口进行刷洗； 刷洗结束后再用干净的内饰毛巾擦拭清洗液和脏污
		(4)上蜡保护： 将表板蜡均匀喷洒在仪表台上，喷洒过多时，可用毛巾轻轻涂开。注意不要喷在玻璃上
8. 清洁护理副仪表板		①喷洒清洁剂； ②用毛巾擦洗或毛刷刷洗； ③用干净的内饰毛巾擦拭清洗液和脏污； ④上蜡保护
9. 清洁护理座椅		(1)喷清洁剂、刷洗： ①将清洁剂均匀喷到座椅表面，等待1min左右； ②座椅脏污较重难以清洗时，可选用软毛刷刷洗，注意力度不宜过大；一般情况可直接用内饰毛巾进行擦拭。 注意：不能将座椅弄得太湿，以免清洁剂顺着接缝渗入座椅内部
		(2)擦拭： ①用一块干的内饰毛巾擦干清洗液和脏污； ②打开车门，使空气流通，晾干皮革上的水分
		(3)镀膜/上光保护： ①将真皮上光保护剂或真皮镀膜剂喷在打蜡海绵上，向打蜡一样，均匀涂在座椅表面； ②10min后用干净的干毛巾擦干，作为最后的上光处理

续上表

工作步骤	图示	工作内容
10.清洁护理侧围饰板	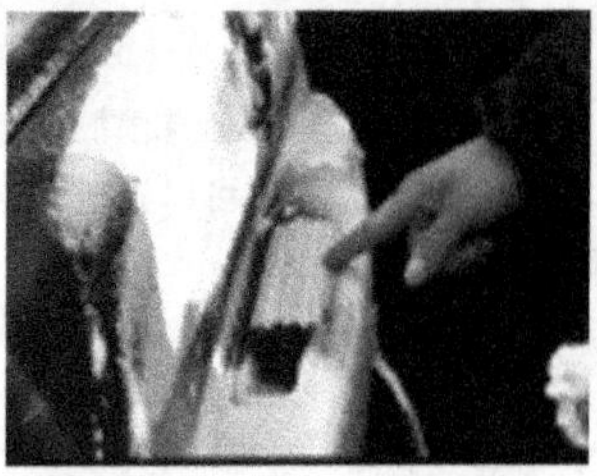	(1)清洁护理门板： ①喷洒清洁剂； ②用软毛刷刷洗或用毛巾擦洗； ③用干净的半湿毛巾擦拭清洗液和脏污； ④上表板蜡
		(2)清洁护理立柱板： ①喷洒清洁剂； ②用软毛刷刷洗或用毛巾擦洗； ③用干净的半湿毛巾擦拭清洗液和脏污； ④上表板蜡
11.清洁护理地毯（地胶）		①均匀喷洒清洁剂； ②用软毛刷轻轻刷洗； ③用干净的半湿毛巾擦拭清洗液和脏污
12.清洁护理行李舱	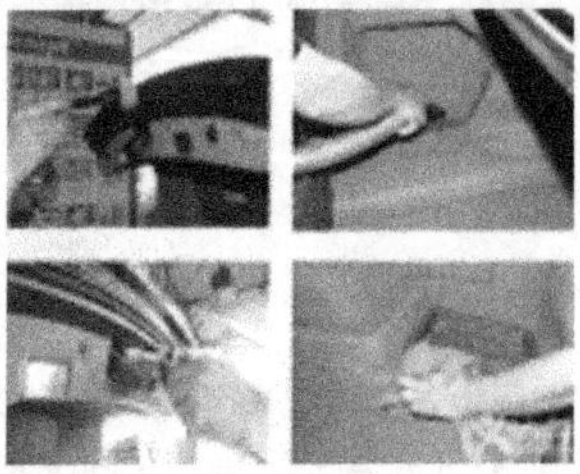	①打开行李舱门，用收纳箱收好行李舱物品，妥善保管； ②用喷壶冲洗行李舱门框沟槽里的油污和泥沙，并配合清洁剂、毛巾清洁干净，同时擦拭清洁干净行李舱门边； ③行李舱吸尘，较脏时，地毯吸尘分两次操作； ④均匀喷洒清洁剂，待1min后，用干净的半湿毛巾擦拭清洗液和脏污，脏污较重时，可用软毛刷轻轻刷洗后再擦拭； ⑤均匀喷洒丝绒护理剂
13.臭氧消毒除味		关闭门窗，将臭氧消毒机软管伸入车内，臭氧消毒机产生一定量的臭氧，在相对密封的环境下，均匀扩散，进行全方位杀菌、消毒、除味

项目实施

任务1　内饰清洁护理设备、工具、产品认知

查阅资料,在表8-4中简要写出设备名称、作用和操作方法。

汽车内饰清洁护理设备、工具、产品认知　　　　　表8-4

图　示	名　称	作　用	操作方法

续上表

图 示	名 称	作 用	操作方法

任务2 汽车内饰件清洁护理实训

1. 汽车内饰污染分析

观察实训车辆,判断内饰件脏污种类及污染原因,并记录在表8-5对应位置。

汽车内饰污染情况分析　　　　　　　　　　　　　　　表8-5

内饰件名称	受脏污种类	污染原因	解决方案

2. 制订工作计划

小组讨论、制订汽车内饰清洁护理工作计划,见表8-6。

汽车内饰清洁护理工作计划　　　　　　　　　　　　　表8-6

序号	工作步骤	工作人员	工作内容
1	整理物品		
2	除泥去垢		
3	吸尘除尘		
4	安全防护		
5	全车桑拿		

续上表

序号	工作步骤	工作人员	工作内容
6	清洁护理顶棚		
7	清洁护理仪表台		
8	清洁护理副仪表板		
9	清洁护理座椅		
10	清洁护理侧围饰板		
11	清洁护理地毯(地胶)		
12	清洁护理行李舱		
13	臭氧消毒除味		

3. 汽车内饰清洁护理

参照汽车内饰清洁护理工艺,按照工作计划开展内饰清洁护理实训,并在表8-7中做好相关记录。

汽车内饰清洁护理过程记录　　　　　表8-7

序号	工作步骤	完成情况 是	完成情况 否	不足	改进建议
1	整理物品				
2	除泥去垢				
3	吸尘除尘				
4	安全防护				
5	全车桑拿				
6	清洁护理顶棚				
7	清洁护理仪表台				
8	清洁护理副仪表板				
9	清洁护理座椅				
10	清洁护理侧围饰板				
11	清洁护理地毯(地胶)				
12	清洁护理行李舱				
13	臭氧消毒除味				

4. 质检验收

按汽车内饰清洁护理验收标准进行质检验收，见表8-8。

汽车内饰清洁护理验收标准　　　　　　表8-8

序号	部位	验收要点	分值	得分 1组	2组	3组	4组
1	门框、门边、胶条	无泥沙、灰尘、水痕；有上光	10				
2	门饰板	无灰尘、鞋印、脏污；有上光；置物格清洁干净、物品恢复原位	8				
3	迎宾踏板、门槛	无污渍、泥浆	5				
4	A柱内饰板	无灰尘、脏污	2				
5	顶棚	无脏污、无湿痕	10				
6	后视镜、遮阳板	无灰尘、脏污	3				
7	仪表台	无灰尘、脏污、水印；有上光；手套箱清洁干净、物品恢复原位	5				
8	转向盘	无灰尘、脏污、水印；手握部位不上光	2				
9	副仪表板	无灰尘、脏污、杂物；有上光；扶手箱清洁干净、物品恢复原位	5				
10	烟灰缸	无烟灰、杂物	2				
11	座椅	无灰尘、污渍；有护理；位置已恢复	10				
12	地板	地毯/地胶无灰尘、沙粒泥浆、脏污；脚垫清洁干净且已放到位	10				
13	B柱内饰板	无灰尘、脏污	3				
14	C柱内饰板	无灰尘、脏污	2				
15	后搁板	无脏污、湿痕	3				
16	行李舱门框、边、胶条	无泥沙、灰尘、水痕；有上光	5				
17	尾箱	整洁；无灰尘、脏污、杂物；物品恢复原位	5				
18	场地	现场卫生清洁；设备、工具、产品已归位	10				
		合计	100				

备注：80分以下为不合格，需进行返工

项目评价

学习结束后，需要及时对学习效果进行评价，为体现评价结果的有效性，评价采用自评、互评和教师评相结合的方式，具体评价内容见表8-9。

项目八评价表　　　　　　　　　　　　表 8-9

能　力	评价内容	分　值	自　评	互　评	教师评
专业、方法能力（60分）	1. 知识准备充分、正确	7			
	2. 设备、工具及产品功能、操作方法描述准确	5			
	3. 能正确判断内饰受污染种类,并能正确分析原因,提供合理的解决方案	8			
	4. 工作计划制订合理、分工明确	8			
	5. 内饰清洁护理操作流程正确、动作到位	12			
	6. 效果达到验收标准(根据验收打分表进行折算;另外每返工一次扣5分)	20			
综合能力（40分）	7. 有良好的团队分工及协作意识	8			
	8. 有良好的表达沟通能力	5			
	9. 体现出规范的服务礼仪	5			
	10. 纪律表现良好	5			
	11. 有良好的安全意识	7			
	12. 有良好的职业道德	10			
合计		100			
总评					

评语	
	自评： 　　　　　　　　　　　　　　　　　　　　　　　　签字：
	互评： 　　　　　　　　　　　　　　　　　　　　　　　　签字：
	教师评： 　　　　　　　　　　　　　　　　　　　　　　　　签字：

项目拓展

汽车内饰的清洁护理产品很多,使用效果也存在一定的差异,查阅资料,找出市面上的其他清洁护理产品及使用方法。

1. _____

_____

2. _____

_____

3. _____

_____

4. _____

_____

5. _____

_____

6. _____

_____

项目九　汽车发动机舱清洁护理

项目描述

情形1：发动机舱内油路、电路等塑胶线材由于表面缺少专业养护导致过早老化和龟裂。

情形2：发动机表面的油污受热，形成蒸气，蒸气和灰尘混合在一起，时间变长后就会形成油泥，阻碍发动机有效散热，造成功率下降、油耗增大，且有自燃的风险。

情形3：发动机舱处于封闭潮湿和高温的环境下，蓄电池接头容易腐蚀生锈，造成接触不良。

情形4：汽车经常停在树下，在发动机舱盖和前风窗玻璃之间会掉入树叶等杂物，如掉入高温机舱内会很容易燃烧，存在安全隐患。

发动机舱的干净与否其实不仅关乎爱车的整洁和体面，而且更关乎着爱车的安全问题，所以发动机舱的清洁护理非常重要。

学习目标

1. 能够说出发动机舱清洁护理工作流程；
2. 能够正确使用工具、设备、产品完成发动机舱清洁护理任务；
3. 能够形成安全、细致的工作习惯，有团队协作精神。

建议学时

18学时。

学习引导

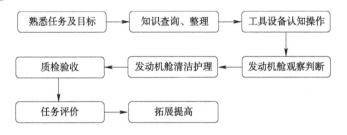

 知识准备

一、汽车发动机舱基本知识

（一）汽车发动机组成部件

汽车发动机舱组成部件如图9-1所示。

图 9-1　汽车发动机舱组成部件

查阅资料,在表 9-1 中写出图 9-1 所示发动机舱内组成部件的名称、作用和材质。

汽车发动机舱组成部件的名称、作用和材质　　　　表 9-1

序号	名　称	作　用	材　质
1			
2			
3			
4			
5			
6			
7			
8			
9			
10			
11			
12			
13			
14			
15			
16			
17			
18			
19			
20			

(二)汽车发动机舱清洁护理的好处

(1)去除油污、减少腐蚀。

(2)去除油污影响,保证发动机正常工作。
(3)防止高温引起油污、杂物自燃。
(4)减缓线束、管路、塑胶件老化。
(5)保持舱内干净整洁。

二、汽车发动机舱清洁护理产品、工具、设备

认真观察图片或进入实训(室)中心观看实物,查询资料后将名称写在图片下方。

1. 产品

发动机舱清洁护理产品如图9-2所示。

a)＿＿＿＿　　b)＿＿＿＿　　c)＿＿＿＿　　d)＿＿＿＿

图9-2　汽车发动机舱清洁护理产品

2. 工具、设备

汽车发动机舱清洁护理工具、设备如图9-3所示。

a)＿＿＿＿　b)＿＿＿＿　c)＿＿＿＿　d)＿＿＿＿　e)＿＿＿＿

图9-3　汽车发动机舱清洁护理工具、设备

三、汽车发动机舱清洁护理流程

接待车辆→车况检查→车辆防护→舱内除尘→电器防护→舱内清洗→舱内风干→去除防护→干洗防护部位→线束护理→表面镀膜→质检验收→交接车辆。

四、汽车发动机舱清洁护理作业标准

汽车发动机舱清洁护理作业标准见表9-2。

汽车发动机舱清洁护理作业标准　　　　表9-2

工作步骤	图示	工作内容	工具、产品
1.接待车辆		(1)主动上前,用规范手势引导客户到指定位置停车; (2)帮客户拉开车门,主动问好; (3)询问需求; (4)动作规范、语言清晰	—

续上表

工作步骤	图 示	工作内容	工具、产品
2. 车况检查		(1)拿出事先准备好的车况检查表和笔; (2)快速记录车辆信息; (3)与客户共同进行环车检查; (4)从左前门开始,按顺时针方向环车检查; (5)取得客户同意后进入车内检查仪表指示灯,起动发动机检查运转是否平稳; (6)关闭发动机,打开发动机舱盖,检查舱内各部件(部件表面、电器、电路等)有无破损; (7)检查舱内有无漏油、气、水现象; (8)发现明显问题时当即告知客户,做好记录; (9)检查完毕交由客户签字确认; (10)组长派工	纸夹板; 车况检查表; 笔; 三件套
3. 车辆防护		(1)用遮蔽纸防护左右翼子板; (2)防护前保险杠; (3)防护前风窗玻璃	遮蔽纸
4. 舱内除尘		(1)用气枪或发动机清洗枪(关闭出液口)吹除防火棉、发动机和电器、线路等部件表面的灰尘; (2)死角边缝用加长嘴进行除尘	空压机; 气枪
5. 电器防护		(1)准备塑料遮蔽纸; (2)包裹熔断丝盒; (3)包裹发电机; (4)包裹电脑单元; (5)包裹起动机; (6)包裹高压包; (7)包裹电器元件插接件; (8)包裹电器、电路有破损的地方	遮蔽纸
6. 舱内清洗		(1)按比例配置好发动机清洗液; (2)待发动机冷却后进行清洁	发动机清洗液; 量杯; 水; 发动机清洗枪

续上表

工作步骤	图示	工作内容	工具、产品
6.舱内清洗	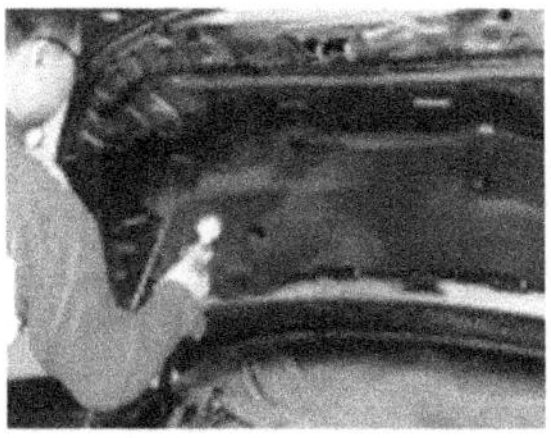	(1)用发动机清洗枪先清洁发动机舱盖内侧; (2)按从上向下、从左到右逐步清洗; (3)待3~5min后,污渍充分溶解,用专用毛巾擦拭; (4)污秽较重时,可用软毛刷配合刷洗,也可直接用清洗枪自带毛刷头进行刷洗	发动机清洗枪; 毛巾; 软毛刷
		(1)用清洗枪清洗发动机舱; (2)按从上向下、从左到右、由外向内逐步清洗; (3)待3~5min后,污渍充分溶解,用专用毛巾擦拭	发动机清洗枪; 毛巾
	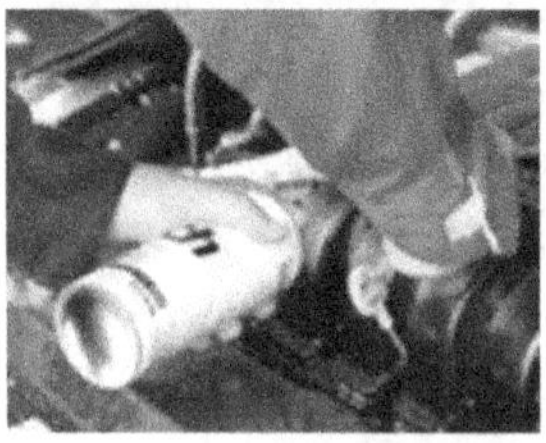	(1)死角边缝处用加长嘴或用发动机泡沫清洁剂进行清洗; (2)污秽较重时,可用软毛刷配合清洗,一次清洗不干净,可多次清洁直到干净,也可使用发动机泡沫清洁剂	软毛刷; 专用清洗枪; 清洗枪加长嘴; 发动机泡沫; 清洁剂
7.舱内风干		(1)用吹气枪吹干各部件上的积水; (2)特别注意吹干电器元件插接口、电路上的水分; (3)使用专用干毛巾配合擦拭,直到表面完全干燥	气枪; 空压机; 干毛巾
8.去除防护	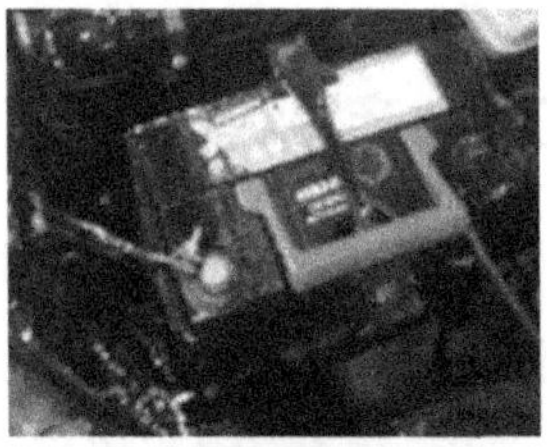	去除塑料遮蔽纸	—
9.干洗防护部位		(1)将清洗液喷到毛巾上; (2)用毛巾擦拭防护遮蔽部位; (3)清洁/打磨蓄电池端子及接头氧化层	毛巾; 清洗液; 套装工具; 砂纸

续上表

工作步骤	图示	工作内容	工具、产品
10.线束护理		将线束绝缘护理剂均匀喷洒在线路及电器插头表面	发动机线束；护理剂
11.表面镀膜		(1)将发动机镀膜剂适量地倒在干净海绵上； (2)用海绵将镀膜剂轻轻涂抹在发动机表面等塑胶件上	发动机镀膜剂；海绵
12.质检验收		(1)结合验收标准先自检； (2)发现问题马上返工处理； (3)交由质检员或组长质检	质检验收表
13.交接车辆		(1)交还钥匙； (2)左手打开车门，右手背起，请客户入车； (3)礼送，致欢送词："您慢走，欢迎下次光临！"	—

 项目实施

任务1　发动机舱清洁护理工具、产品认知

查阅资料，在表9-3中简要写出工具、产品的作用和操作方法。

汽车发动机舱清洁护理产品、工具认知　　　表9-3

工具、产品	作　用	操作方法

续上表

工具、产品	作　　用	操作方法

任务2　发动机舱清洁护理实训

1.汽车发动机舱污染分析

观察实训车辆,判断发动机舱脏污种类及污染原因,并记录在表9-4对应位置。

汽车发动机舱污染状况分析　　　　表9-4

序号	脏污类型	污染原因	解决方案
1			
2			
3			
4			
5			
6			
7			

2. 制订工作计划

小组讨论、制订汽车发动机舱清洁护理实训工作计划,见表9-5。

汽车发动机舱清洁护理工作计划　　　　　　　　　表9-5

序号	工作步骤	工作人员	工作内容
1	接车		
2	车况检查确认		
3	车辆防护		
4	舱内除尘		
5	电器防护		
6	清洗		
7	吹干		
8	去除电器防护		
9	干洗防护部位		
10	线束维护		
11	发动机表面镀膜		
12	质检		
13	交车		

3. 汽车发动机舱清洁护理

参照汽车发动机舱清洁护理工艺,按照工作计划开展发动机舱清洁护理实训,并在表9-6中做好相关记录。

汽车发动机舱清洁护理过程记录　　　　　　　　　表9-6

序号	工作步骤	完成情况		不足	改进建议
		是	否		
1	接车				
2	车况检查确认				
3	车辆防护				
4	舱内除尘				
5	电器防护				
6	清洗				
7	吹干				
8	去除电器防护				

续上表

序号	工作步骤	完成情况		不足	改进建议
		是	否		
9	干洗防护部位				
10	线束维护				
11	发动机表面镀膜				
12	质检				
13	交车				

4. 质检验收

按汽车发动机舱清洁护理验收标准进行质检验收,见表9-7。

汽车发动机舱清洁护理验收标准　　　　　　　表9-7

序号	部位	验收要点	分值	得分			
				1组	2组	3组	4组
1	发动机舱盖内侧	清洁;无油污、水痕、泥沙	7				
2	导水槽	清洁;无油污、水痕、泥沙、杂物	5				
3	防火墙	清洁;无油污、无泥沙	7				
4	减振器座	清洁;无油污、灰尘、泥沙	5				
5	发动机表面	清洁;无水痕、油污、灰尘、泥沙、明显锈迹;已镀膜/上光护理	15				
6	蓄电池表面	清洁;无油污、水痕;端子无氧化物	10				
7	风窗清洗液储液罐	清洁;无水痕、灰尘、油污	5				
8	制动液储液罐	清洁;无水痕、灰尘、油污	5				
9	冷却液储液罐	清洁;无水痕、灰尘、油污	5				
10	转向助力液储液罐	清洁;无水痕、灰尘、油污	5				
11	油管、气管	清洁;无水痕、灰尘、泥沙、油污;已护理	5				
12	线束	清洁;无泥沙、灰尘、油污;已护理	8				
13	发动机运转	运转正常	10				
14	场地	现场卫生已整理;设备、工具、产品已归位	8				
	合计		100				
备注:80分以下为不合格,需进行返工							

项目评价

学习结束后,需要及时对学习效果进行评价,为体现评价结果的有效性,评价采用自评、互评和教师评相结合的方式,具体评价内容见表9-8。

表9-8
项目九评价表

能力	评价内容	分值	自评	互评	教师评
专业、方法能力（60分）	1. 知识准备充分、正确	7			
	2. 工具及产品功能、操作方法描述准确	5			
	3. 能正确判断发动机舱状况,并能正确分析原因,提供合理的解决方案	8			
	4. 工作计划制订合理、分工明确	8			
	5. 发动机舱清洁护理操作流程正确、动作到位	12			
	6. 效果达到验收标准（根据验收打分表进行折算;另外每返工一次扣5分）	20			
综合能力（40分）	7. 有良好的团队分工及协作意识	10			
	8. 有良好的表达沟通能力	5			
	9. 体现出规范的服务礼仪	5			
	10. 纪律表现良好	10			
	11. 有良好的安全意识	10			
	合计	100			
	总评				
评语	自评: 签字: 互评: 签字: 教师评: 签字:				

项目拓展

查阅资料,思考讨论能否直接用高压水枪冲洗的方式清洗发动机舱,并将结果写在表9-9相应位置。

汽车发动机舱清洗方法分析 表9-9

结　果	理　由
可以	1.
	2.
不可以	1.
	2.
	3.
	4.
	5.

项目十　汽车漆面认知

项目描述

汽车经常会遭受外界环境的风吹雨淋、日晒及酸雨等具有氧化性物质的侵蚀，使漆面逐渐粗糙失光。汽车漆面就像人的皮肤，而酸雨、氧化物、紫外线就像是细菌、螨虫一样，会对汽车的"皮肤"进行侵蚀，造成汽车的外观形象大打折扣，漆面的有效寿命也会变短。

所以，及时对汽车漆面进行美容护理，保证汽车靓丽外观的同时对漆面进行科学维护显得非常重要。汽车漆面美容护理工艺较多、较为复杂，但无论是采用哪一种护理方式，都需要熟知汽车漆面的基本知识、漆面常见的损伤及产生原因、漆面顽固附着物的清除方法。

学习目标

1. 能够说出汽车漆面组成部件；
2. 能够说出汽车漆面种类，并能进行正确识别；
3. 能够说出汽车漆面结构层及常见损伤种类；
4. 能够正确识别漆面损伤种类，并能分析原因；
5. 能够养成安全、细致的工作习惯，有团队协作精神。

建议学时

8学时。

学习引导

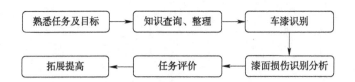

知识准备

一、汽车漆面的组成

汽车漆面的组成如图10-1所示，查阅资料，把各部件的名称写入对应的方框内。

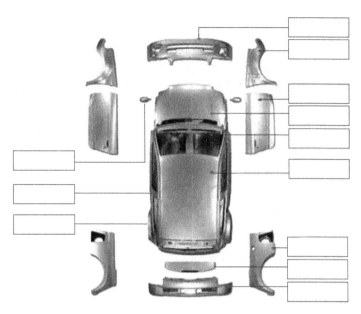

图 10-1 汽车漆面的组成

二、汽车漆面种类

1. 普通漆

主要由树脂、颜料和添加剂等组成。

普通漆是最常见的车漆,它的特点是:成本低、工艺简单,但其光泽度不太好、表面硬度也不高、容易刮花,近年来主要应用在经济型轿车上,如图 10-2 所示。

2. 金属漆

金属漆是目前流行的一种汽车面漆。在漆基中添加了铝粉等金属微粒,在最外层加有一层清漆予以保护。光线射到铝粒上后,又被铝粒透过气膜反射出来,看上去好像金属在闪闪发光一样,给人们一种愉悦、轻快、新颖的感觉。改变铝粒的形状和大小,就可以控制金属闪光漆膜的闪光度。它的特点是:亮度高、硬度比普通漆高,但是成本较高,如图 10-3 所示。

图 10-2 普通漆

图 10-3 金属漆

3. 珍珠漆

珍珠漆也是目前流行的一种汽车面漆,它的漆基中加有涂有二氧化钛和氧化铁的云母颜料。它的原理与金属漆是基本相同的,用云母代替铝粒,光线射到云母颗粒上后,呈现出二氧化钛和氧化铁的颜色,并在云母颗粒中发生复杂的折射和干涉。而且,云母本身也有一种特殊的、有透明感的颜色,反射出来的光线,就具有一种珍珠般的闪光。同时,二氧化钛本身具有黄色,斜视时又改变为浅蓝色,从不同的角度去看,会出现不同的颜色。因此,珍珠漆会给人一种新奇的、五光十色的感觉,如图10-4所示。

因此,根据漆面硬度不同,汽车漆面又可以分为硬车漆和软车漆两种:其中硬车漆是指_____漆和_____漆,主要用于中高端车型;软车漆是指_____漆,主要用于经济型轿车。

图10-4 珍珠漆

根据漆面结构不同,汽车漆面也可以分为素色漆和透明漆两种:其中素色漆是指_____漆,它没有_____漆层;透明漆是指_____漆和_____漆,它的面层是_____漆层。

三、汽车车漆结构

汽车车漆根据施工工艺的不同分为原厂漆和修补漆两类,它们在涂层结构和涂层厚度上存在着一定的区别,如图10-5所示。

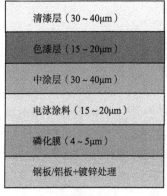

a) 原厂车漆结构

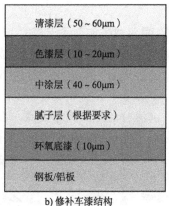

b) 修补车漆结构

图10-5 汽车车漆结构示意图

汽车车漆又可以根据涂料类型的不同分为单工序、双工序和三工序三类,其结构如图10-6所示。

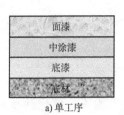

a) 单工序

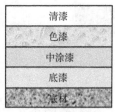

b) 双工序

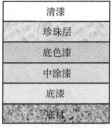

c) 三工序

图10-6 汽车车漆结构示意图

注：单工序是指面漆一次成型，具有光泽和耐久性，不需要喷涂清漆；双工序是指面漆由色漆和清漆组成；三工序是指面漆由底色漆、特殊效果层和清漆组成。

四、汽车喷漆工艺

汽车原厂车漆涂装工艺如图10-7所示。

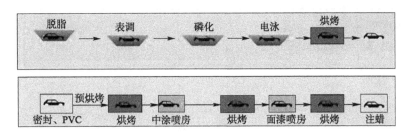

图10-7　汽车原厂车漆涂装工艺

五、汽车涂料成分

汽车涂料成分如图10-8所示。

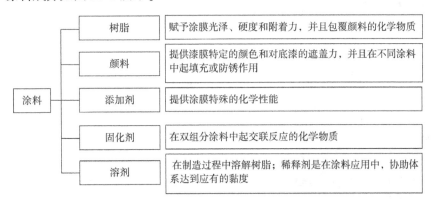

图10-8　汽车涂料成分

六、汽车漆面常见损伤

查询资料，在表10-1的相应位置写出漆面损伤原因。

汽车漆面损伤种类及原因　　　　　表10-1

序号	图示	损伤种类	损伤原因
1		划痕	

续上表

序号	图　示	损伤种类	损伤原因
2		擦痕	
3		掉漆	
4		变形	
5		老化、龟裂	
6		氧化	
7		鸟屎	

续上表

序号	图　示	损伤种类	损伤原因
8		太阳纹	
9		沥青、柏油	
10		虫尸	
11		树胶	
12		交通膜	
13		飞漆	

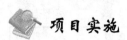 项目实施

任务1　汽车漆面种类判断

进入实训室(中心),识别实训车辆漆面种类,写出其特点,并完成表10-2。

汽车漆面种类及特点　　　　　　　　　　　　　表10-2

序号	车　型	车漆种类	车漆特点
1			
2			
3			
4			
5			
6			

任务2　漆面状况判断

进入实训室(中心),观察实训车辆车漆损伤状况,并写出损伤种类和损伤原因,见表10-3。

汽车漆面损伤种类及原因　　　　　　　　　　　表10-3

序号	车　型	车漆损伤种类	损伤原因
1			
2			
3			
4			
5			
6			

项目评价

学习结束后,需要及时对学习效果进行评价,为体现评价结果的有效性,评价采用自评、互评和教师评相结合的方式,具体评价内容见表10-4。

项目十评价表　　　　　　　　　　　　　　　　　表10-4

能　力	评　价　内　容	分　值	自　评	互　评	教师评
专业、方法能力（60分）	1. 知识准备充分、正确	20			
	2. 漆面种类判断准确,特点描述确切	20			
	3. 车漆损伤状况判断准确,损伤原因分析到位	20			
综合能力（40分）	4. 有良好的团队分工及协作意识	10			
	5. 有良好的表达沟通能力	10			
	6. 纪律表现良好	10			
	7. 有良好的安全意识	10			
	合计	100			
	总评				
评语	自评： 　　　　　　　　　　　　　　　　　　　　　　　　签字：				
	互评： 　　　　　　　　　　　　　　　　　　　　　　　　签字：				
	教师评： 　　　　　　　　　　　　　　　　　　　　　　　　签字：				

项目拓展

漆面美容分为修复性美容、护理性美容和翻新性美容三种。

修复性美容：是指对喷漆后的漆面问题进行处理。

护理性美容：是指汽车在正常使用中进行护理，保护漆膜而使漆面光泽持久，避免粗糙失去弹性和光泽。

翻新性美容：漆面翻新美容是指受污染的漆面造成粗糙失光，不需喷漆，经过翻新美容后就能达到原来的效果。

判断各种漆面损伤分别需要用哪种美容方式来处理，并写在表10-5内对应位置。

常见汽车漆面损伤的美容方式　　　　　　　　　　　表10-5

序　号	漆面损伤种类	美　容　方　式
1	划痕	
2	擦痕	
3	掉漆	

续上表

序　号	漆面损伤种类	美 容 方 式
4	变形	
5	老化、龟裂	
6	氧化	
7	鸟屎	
8	太阳纹	
9	沥青/柏油	
10	虫尸	
11	树胶	
12	交通膜	
13	飞漆	

项目十一　汽车漆面轻微损伤修复

项目描述

汽车漆面就像汽车的"皮肤","皮肤"保养得好,汽车看上去就会光鲜亮丽。而汽车一旦"破相",虽不会影响性能和安全,但这种让人头痛的"皮肤病"确实要花一番心思去做"治疗"。

情形1:紫外线造成汽车漆层氧化,尤其雨后车身有水珠在暴晒后氧化速度更快。

情形2:在工业区和大城市里,大气层中的油烟和污染物会造成车漆褪色、变色,造成发动机舱盖、车顶和行李舱盖车漆出现不均匀的色差。尘埃、雨水中的酸碱物腐蚀金属漆中的铝箔,并与色漆中的颜料发生化学反应而导致颜色上的改变,有时甚至会出现蚀痕。

情形3:水滴蒸发后留下"水痕"。水痕中的化学物质在阳光照射下会继续与车漆发生化学反应,从而加重"病情"。

情形4:漆面上出现划痕,雨水会通过这些"伤口"渗透到里面去,引起氧化、生锈。黏附在车身的树胶、鸟粪、沥青等,长时间不清理会引起车漆腐蚀。

学习目标

1. 能够说出漆面各类轻微损伤修复方法(解决方案);
2. 能够正确选用漆面轻微损伤修复工具、产品;
3. 能够按照标准工艺完成漆面轻微损伤修复工作;
4. 能够养成善于观察、思考,灵活调整策略和方法的能力。

建议学时

24学时。

学习引导

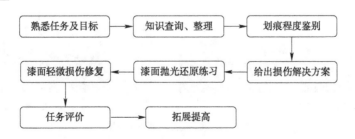

知识准备

一、漆面损伤修复方法

汽车漆面常见损伤的修复方法，见表 11-1。

表 11-1 汽车漆面损伤修复方法

漆面损伤形式	损伤种类	损伤程度	修复办法
附着物	氧化膜、交通膜	轻微	洗车泥去除
		严重	洗车泥 + 抛光 + 还原去除
	鸟粪/虫尸/树胶/沥青/飞漆		1. 专用清洁剂去除； 2. 沥青、飞漆也可用洗车泥去除
漆面划、擦	太阳纹	发丝划痕	抛光 + 还原消除
	划痕/擦痕	轻度划痕	抛光 + 还原消除
		中度划痕	美容砂纸打磨 + 研磨 + 抛光 + 还原消除
		深度划痕	补漆
漆面损坏	掉漆		补漆（属于汽车喷涂岗位工作内容）
	变形		钣金 + 做漆（属于汽车钣金、喷涂岗位工作内容）
	老化、龟裂		做漆（属于汽车喷涂岗位工作内容）

二、漆面损伤美容修复工具、产品

(一) 洗车泥

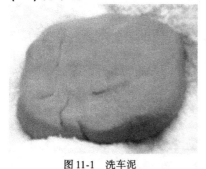

图 11-1 洗车泥

洗车泥（图 11-1）又叫去污泥、洗车火山泥、擦车泥、磨泥、洗车橡皮泥，它是擦洗车漆的一种泥巴，具有很强的"魔力"。洗车泥主要由超细纤维和固体胶状物经反复碾磨提炼而成，具有超微细和超黏性的双重特征。洗车泥能很好地去除车漆表面平时难以洗掉的各种顽固污渍以及车漆毛细孔隙里的污物，使漆面变得光滑明亮，并且不会伤害车漆。

洗车泥的去污原理如图 11-2 所示。

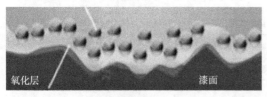

a) 车漆表面脏污颗粒

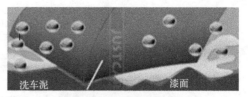

b) 洗车泥去除脏污颗粒

图 11-2 洗车泥去污原理示意图

使用时反复揉捏洗车泥,露出新表面。一边向漆面喷洒洗车液、一边用洗车泥擦拭漆面。用手掌平压洗车泥,按照顺序擦拭,不能遗漏。根据漆面脏污程度调整擦拭力度,或反复擦拭。洗车泥表面变脏后,应重新揉捏使其露出新的表面,再继续擦拭。洗车泥不能掉在地上,如掉在地上,应将粘有沙粒和灰尘的地方用刀削掉。用完后应放入水中密封保存,不能接触空气。

(二)柏油清洁剂

柏油清洁剂的成分主要包含石油醚、阴离子表面活性剂、非离子表面活性剂、阴离子分散剂等。能够快速渗透、溶解汽车漆面、轮毂上的焦油、沥青、鸟粪渍等难以清洗的污垢,且不会腐蚀漆面和轮毂等物体,如图11-3所示。

使用前将车身清洗干净,将柏油清洁剂喷洒到漆面上黏附柏油或沥青的部位,等2~3min,待污渍软化后,用干净的软布擦干净即可。注意:柏油清洁剂不能喷洒在车身塑胶件表面,否则会腐蚀变白;另外,柏油清洁剂会燃烧,使用过程中不要接触明火。

(三)虫胶去除剂

虫胶去除剂能够快速去除漆面上的焦油、沥青、虫胶、树脂等顽固脏污。适用于金属、车漆、玻璃表面的清洁。使用时将虫胶去除剂喷洒在漆面脏污部位,等3~5min,用干净的软毛巾擦拭干净即可。虫胶去除剂如图11-4所示。

图11-3 柏油清洁剂　　图11-4 虫胶去除剂

(四)飞漆去除剂

飞漆去除剂主要由界面活性剂和渗透乳化剂组成,能够使漆面上的飞漆或不干胶迹迅速分解,并且不伤车漆、不留痕迹。飞漆去除剂如图11-5所示。

使用时将飞漆去除剂喷洒在漆面上粘有飞漆的部位,等待2~3min,用干净的软毛巾擦拭干净即可。

(五)抛光机

抛光是汽车漆面美容护理的关键步骤,抛光盘在抛光机的带动下高速旋转,配合抛光剂在漆面擦磨产生静电,借助静电的作用将孔内的脏物吸出来。同时,抛光盘又能够把漆面的微观氧化磨掉,并将细微的划痕拉平填满,另外,在抛光过程中抛光剂中的一部分又融入漆面,使之发

图11-5 飞漆去除剂

生还原反应,使得清洁如新、光滑亮丽。抛光机如图11-6所示。

a)立式抛光机

b)卧式抛光机

图11-6　汽车漆面抛光机

1. 抛光机使用方法

(1)清洗汽车外观。

(2)防护车身塑胶件、玻璃。

(3)安装抛光盘。

(4)涂抹研磨剂(有涂在漆面上或涂在抛光盘上两种涂抹方式)。

(5)抛光时,右手紧握直把,左手紧握横把,并施加一定的下压力(下压力大小根据漆面状况进行选择),每次抛光距离大约与肩等宽。

(6)不要在靠近边框、保险杠和其他可能咬住转盘外沿的部位进行作业。

(7)应时刻注意抛光机的电源线,防止卷入机器。

(8)抛光过程中随时观察漆面的变化。

2. 抛光盘选用方法

抛光盘有羊毛盘、兔毛盘和海绵盘三种材质,一般羊毛盘用于粗抛,兔毛盘用于粗抛或二道抛光工序,海绵盘用于细抛或还原。抛光盘如图11-7所示。

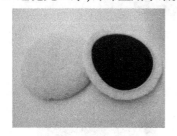
a)羊毛抛光盘

b)兔毛抛光盘

c)海绵抛光盘

图11-7　抛光盘

3. 抛光剂

抛光剂能与车漆产生一定的化学反应,让车漆显现本身的光泽,并能够修复外界环境对车漆造成的轻微损伤以及研磨剂造成的细微网纹。抛光剂本身含有修复釉,能够修复车漆的颜色和光泽,防止老化。主要成分为矿石、玻璃珠、石英砂等。按照抛光剂所含颗粒的粗细不等,抛光剂可有粗、中、细三种。使用时注意不能接触塑胶件表面,以免使塑胶件发生化学反应变白。抛光剂如图11-8所示。

4. 还原剂

还原剂可用来消除抛光工序留下的"炫纹"（太阳纹），还原漆面本身光亮度，能使漆面快速增强亮度和提高漆面的光泽。成分主要是精细抛光剂和专业润滑油。使用时注意不能接触塑胶件表面，以免使塑胶件发生化学反应变白。还原剂如图11-9所示。

图 11-8　抛光剂　　　　　图 11-9　还原剂

（六）美容砂纸

美容砂纸用于处理汽车漆面,通过打磨,能去除不漏底漆的汽车漆面中度划痕、漆面严重氧化等情况,将漆面砂成哑光后,后续需要抛光、还原等工序进一步处理。美容砂纸如图11-10所示。

常见的美容砂纸型号有 1000 号、1200 号、1500 号、2000 号几种,使用前应根据漆面状况选择合适型号的美容砂纸,打磨时四指并拢成一个平面,按住砂纸均匀用力轻磨,并随时观察漆面变化,防止过度打磨。

三、漆面损伤美容修复工艺

图 11-10　美容砂纸

（一）漆面附着物清除

1. 漆面轻微交通膜、氧化层清除方法

1) 外观清洁

按照洗车流程清洗干净汽车外观。

2) 打洗车泥

一边向漆面喷洒洗车液,一边用洗车泥擦拭漆面,用手掌平压洗车泥,按照顺序擦拭,擦拭过程中根据氧化层污染程度和厚度调整擦拭力度。当洗车泥表面吸附氧化物变黑后,应重新揉捏使其露出新的表面,再继续擦拭。

3) 冲洗车身

用高压水枪冲洗车身,并用干净的不脱毛纯棉毛巾擦干车身。

2. 漆面沥青清除方法

1) 柏油清洁剂去除

将柏油清洁剂均匀喷洒于沥青表面,等待 2~3min 后,用不脱毛纯棉毛巾擦拭,最后用清水冲洗并擦干。

2) 洗车泥去除

清洗干净漆面后,用洗车泥擦拭漆面上黏附沥青的部位,最后用清水清洗该处并擦干。

3) 鸟屎、虫尸、树胶去除

清洗干净漆面后,将虫胶去除剂喷洒在漆面上黏附鸟屎、虫尸、树胶的部位,等待 2~3min 后,用不脱毛纯棉毛巾擦拭,最后用清水冲洗并擦干。

(二) 漆面轻微损伤修复

1. 严重交通膜、氧化层修复

汽车漆面严重交通膜、氧化层修复方法,见表 11-2。

汽车漆面严重交通膜、氧化层修复方法　　　　表 11-2

工作步骤	图示	工作内容	工具、产品
1. 外观清洁		(1) 按照洗车流程认真清洁外观; (2) 确保漆面清洗干净	洗车设备、工具、产品
2. 打洗车泥		(1) 反复揉捏洗车泥,露出新表面; (2) 一边向漆面喷洒洗车液、一边用洗车泥擦拭漆面; (3) 用手掌平压洗车泥,按照顺序擦拭,不能遗漏; (4) 根据氧化层污染程度和厚度,调整擦拭力度; (5) 氧化严重部位,应反复擦拭; (6) 洗车泥表面吸附氧化物变黑后,应重新揉捏使其露出新的表面,再继续擦拭; (7) 洗车泥不能掉在地上,如掉在地上,应将粘有沙粒灰尘的地方用刀削掉	洗车泥; 喷壶; 洗车液
3. 冲洗车身		(1) 全车擦拭完成,氧化层去除干净; (2) 用高压水枪冲洗车身; (3) 用干净的不脱毛纯棉毛巾擦干车身	高压洗车机; 擦车毛巾

2. 太阳纹修复

汽车漆面太阳纹的修复方法,见表 11-3。

汽车漆面太阳纹修复方法　　　　　　　　　表 11-3

工作步骤	图　示	工作内容	工具、产品
1.清洗车身		(1)按照洗车流程认真清洁外观； (2)确保漆面清洗干净	洗车设备
2.打洗车泥		用洗车泥认真清洁漆面,确保漆面无顽固附着物和氧化黏附层	洗车泥； 喷壶
3.抛光		(1)擦干漆面； (2)用纸胶带、遮蔽纸防护塑胶件和玻璃； (3)选择较细的抛光剂/研磨剂,将其适量滴在漆面上； (4)选择海绵抛光盘,用抛光机按照正确的抛光顺序、路线和力度进行漆面抛光	抛光机； 抛光盘； 抛光剂
4.还原		(1)明显去除太阳纹后,选择还原剂和海绵还原盘； (2)将抛光机转速调至 1500r/min,进行漆面还原操作	抛光机； 还原海绵盘； 还原剂/镜面处理剂
5.漆面清洁		还原至漆面出现镜面效果后,用干净纯棉毛巾清洁漆面	纯棉毛巾

3．轻度划痕修复

汽车漆面轻度划痕的修复方法,见表 11-4。

汽车漆面轻度划痕修复方法   表11-4

工作步骤	图示	工作内容	工具、产品
1.判断划痕深浅		(1)轻度划痕:表面漆被轻微刮伤,划痕穿过清漆层并已经伤及色漆层,但色漆层还未被刮透; (2)中度划痕:穿过清漆层和色漆层但未伤及底漆层; (3)深度划痕:不仅穿过了清漆层和色漆层,而且底漆层也被刮透,可以看见车身外壳的里层表面	
2.清洗划痕部位		清洗并擦干待处理划痕部位	洗车设备
3.抛光		(1)选择合适的抛光盘,润湿后安装到抛光机上,开机甩除多余水分; (2)转速调至2500r/min左右; (3)将抛光剂适量涂抹于漆面划痕处; (4)抛光,沿垂直划痕的方向进行来回直线抛光,应边抛光边观察漆面状况; (5)处理完毕后,用纯棉毛巾清洁漆面	抛光机; 抛光盘; 抛光剂; 纯棉毛巾
4.还原		(1)更换还原盘; (2)转速调为1200r/min左右; (3)将还原剂适量涂抹于漆面抛光部位; (4)进行来回直线还原,不可遗漏; (5)还原完成后,用纯棉毛巾清洁漆面	抛光机; 还原盘; 还原剂; 纯棉毛巾

4. 中度划痕修复

汽车漆面中度划痕的修复方法,见表11-5。

汽车漆面中度划痕修复方法   表11-5

工作步骤	图示	工作内容	工具、产品
1.判断划痕深浅		正确判断划痕深浅,确定为中度划痕	

续上表

工作步骤	图示	工作内容	工具、产品
2.清洗划痕部位		清洗车身并擦干	洗车设备
3.研磨		(1)根据划痕的大小和深度,选用合适型号的美容砂纸; (2)采用水磨法,用正确的手法进行打磨,应沿垂直划痕方向来回研磨,时刻观察漆面防止磨穿漆层; (3)待划痕磨平后,清洗干净研磨部位	美容砂纸; 磨石; 喷壶
4.抛光		(1)选择抛光盘,润湿后安装到抛光机上,开机甩除多余水分; (2)转速调至为2500r/min左右; (3)将抛光剂适量涂抹于漆面研磨部位; (4)进行来回直线抛光,应边抛光边观察漆面状况; (5)待漆面由哑光恢复成光滑表面时,用纯棉毛巾清洁漆面	抛光机; 抛光盘; 抛光剂; 毛巾
5.还原		(1)更换还原盘; (2)转速调为1200r/min左右; (3)将还原剂适量涂抹于漆面抛光部位; (4)进行来回直线还原,不可遗漏; (5)直至车漆完全还原后,用纯棉毛巾清洁漆面	抛光机; 还原盘; 还原剂; 毛巾

5.创伤性损伤修复

对于漆面深度划痕、掉漆、变形、龟裂老化等情形,已超出美容修复范围,属于汽车钣金、汽车喷涂工作内容。

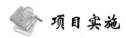项目实施

任务1 划痕判断

根据图示判断汽车漆面划痕损伤程度,并写在表11-6相应位置。

漆面划痕程度判断　　　　　表 11-6

图　　示	划痕程度
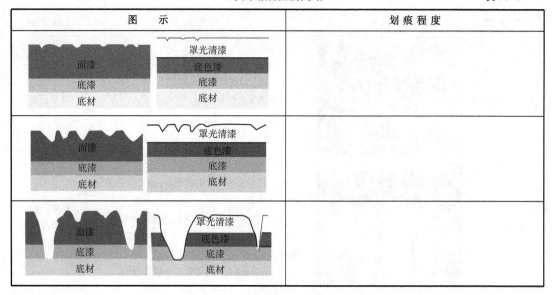	

任务 2　漆面损伤解决方案

根据项目十任务 2 观察的结果,给出这些漆面损伤的解决方案,并写在表 11-7 内相应位置。

实训车辆漆面损伤解决方案　　　　　表 11-7

序号	车　　型	车漆损伤种类	解决方案
1			
2			
3			
4			
5			
6			

任务 3　漆面研磨、抛光、还原实训

1. 全车漆面抛光顺序

根据教师所讲内容,标注全车漆面抛光顺序,如图 11-11 所示。

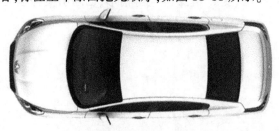

图 11-11　全车漆面抛光顺序

2.漆面抛光方法

查阅资料,思考、讨论汽车漆面各抛光方法的适用情况(位置),见表11-8。

汽车漆面抛光方法及适应情况　　　　　表11-8

序号	方法	具体操作	适用情况
1	轻抛	机器快送慢拉过程中,均轻微用力,以免损伤车漆	
2	慢抛	机器在回拉过程中,施力均匀,速度相对缓慢,达到进一步处理划痕或进一步提亮的目的	
3	平抛	机器在抛光过程中,抛光盘与漆面成完全吻合状态,防止机器在高速转动时,因受力点不均而损伤车漆	
4	翘抛	为了增强切削力,使机器的一段边缘翘起,提高抛光速度	
5	点抛	根据漆面不同的部位,而适当降低机器转速的一种抛法	

3.漆面抛光操作

选定一块漆面部位,按照抛光流程、顺序、方法进行漆面抛光操作练习,并将抛光练习情况记录在表11-9中。

汽车漆面抛光操作情况记录　　　　　表11-9

完成情况		不足	改进建议
是	否		

任务4　汽车漆面轻微损伤修复

根据任务2给出的解决方案,对实训车辆进行轻微损伤修复工作,并将修复练习情况记录在表11-10中。

汽车漆面轻微损伤修复情况记录　　　　　表11-10

序号	修复类型	完成情况		不足	改进建议
		是	否		
1					
2					

续上表

序号	修复类型	完成情况 是	完成情况 否	不足	改进建议
3					
4					
5					
6					

📚 项目评价

学习结束后,需要及时对学习效果进行评价,为体现评价结果的有效性,评价采用自评、互评和教师评相结合的方式,具体评价内容见表11-11。

项目十一评价表　　　　　　　　　　　　　　　　　　　表11-11

能力	评价内容	分值	自评	互评	教师评
专业、方法能力（60分）	1. 知识准备充分、正确	10			
	2. 实训车辆漆面损伤解决方案科学合理,具有可行性	8			
	3. 抛光顺序标注正确	5			
	4. 各抛光方法适用情况列举完整、正确	7			
	5. 抛光操作动作规范并能按照正确的方法进行	10			
	6. 实训车辆轻微损伤修复能按正确的工作流程进行	10			
	7. 漆面轻微损伤修复达到验收标准	10			
综合能力（40分）	8. 有良好的团队分工及协作意识	8			
	9. 有良好的表达沟通能力	5			
	10. 纪律表现良好	10			
	11. 有根据实际状况灵活调整策略能力	7			
	12. 有良好的安全意识	10			
合计		100			
总评					
评语	自评： 　　　　　　　　　　　　　　　　　　签字：				
	互评： 　　　　　　　　　　　　　　　　　　签字：				
	教师评： 　　　　　　　　　　　　　　　　　　签字：				

项目拓展

进入汽修厂或 4S 店或查询资料,了解汽车补漆和车身钣金修复工作过程,在表 11-12 内简要写出汽车补漆和钣金修复工作过程及主要注意事项。

汽车补漆、钣金修复工作过程　　　　　　表 11-12

工作内容	图　　示	工作过程	注意事项
快速补漆			
钣金修复			

项目十二　汽车漆面打蜡护理

项目描述

汽车漆面易受外界多种因素的影响,因此应在平时注重护理。现在,汽车漆面护理的重要性已得到很多人的关注,新车漆、旧车漆、修复的车漆都需要及时和定期做好护理工作。目前,汽车漆面护理的工艺已经发展到第四代,人们熟知的"打蜡"属于第一代漆面护理工艺。

客户计划为驾驶了近半年的上海大众凌渡轿车做首次打蜡护理,你准备向客户推荐哪种蜡,需要了解该车漆面哪些知识,并且按照什么工作流程来完成打蜡护理任务。

学习目标

1. 能够说出漆面打蜡护理的好处;
2. 能够说出车蜡的种类、特点及应用;
3. 能够按照标准工艺完成漆面打蜡护理工作;
4. 能够养成善于观察、思考的习惯和灵活调整策略、方法的能力。

建议学时

12学时。

学习引导

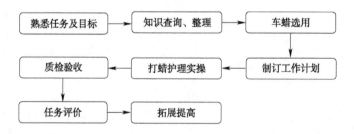

 知识准备

一、汽车打蜡护理知识

(一)汽车打蜡护理定义

汽车打蜡就是给车身漆面涂上一层保护蜡后,再将蜡抛出光泽,蜡层可以隔断漆面与外界的接触,从而起到保护漆面和提升漆面光亮度的作用。如图12-1所示。

(二)汽车打蜡的作用

汽车蜡的主要成分是聚乙烯乳液或硅酮类高分子化合物,并含有油脂和其他添加成分,这些物质涂覆在车身表面后具有以下作用。

图12-1 汽车漆面打蜡护理示意图

1. 隔离作用

汽车蜡可在漆面与外界之间形成一层保护层,将车漆与有害物质隔离,起到一种"屏蔽"的作用,能有效降低车漆遭受侵蚀的可能性,使车漆得到保护。

2. 上光作用

经过打蜡的汽车可以改善漆面的光亮程度,增添亮丽的色彩,但维持时间不长。

3. 抗高温作用

汽车蜡可有效反射不同方向的入射阳光,以减缓漆面老化变色,延长漆面的使用寿命。

4. 防紫外线作用

阳光中的紫外线较易折射进入漆面,防紫外线车蜡能使其对漆面的侵害最大限度地降低。

5. 防静电作用

车蜡可隔断尘埃与车身表面的接触,也可以有效地防止车身表面静电的产生,还可以降低带电尘埃在车身表面附着形成交通膜腐蚀漆面。

(三)汽车蜡产品种类及特点

汽车漆面蜡产品有很多,在成分、使用性质、主要功能、物理状态、生产国别等方面都会有不同,常见汽车漆面蜡产品的种类及特点见表12-1。

汽车漆面蜡产品种类及特点 表12-1

分类方式	种 类	特 点
组成成分	石蜡	从石油中提取,属于低端蜡
	树脂蜡	植物成分提取,不损伤车漆,属于中等蜡
	合成蜡	人工合成,性能好,属于高档蜡
	混合蜡	各种成分混合,适应更复杂的车漆状况
使用性质	研磨/抛光蜡(去污蜡)	含有研磨颗粒,用于处理漆面划伤、氧化、腐蚀、异物。有粗、中、细之分
	上光蜡	主要提升漆面光亮度
	保护蜡	作用较单一,主要保护车漆
主要功能	防水蜡	有特殊的防水性能
	防高温蜡	有较好的抗高温性能
	防静电蜡	有效防止漆面静电的产生
	防紫外线蜡	可降低紫外线对车漆层的侵害

续上表

分类方式	种 类	特 点
物理状态	固体蜡	用于手工,打蜡操作费时,渗透车漆速度慢,适合DIY的产品,去污能力较弱,但光泽亮丽、持久性强
	膏状蜡	乳状,适合手工操作,去污能力一般
	液体蜡	使用方便,多用于机器操作,去污能力强,但持久性较弱,光泽度不如固体蜡
	喷雾蜡	主要用于上光
生产国别	国产蜡	进口蜡多为中、高档蜡
	进口蜡	

二、汽车打蜡护理工艺

(一)漆面前处理工艺

由于各车漆面存在不同的问题,加之各车漆面状况不尽相同,因此,在漆面打蜡、封釉、镀膜及镀晶护理前,需要根据漆面实际状况进行漆面前处理,见表12-2。

漆面前处理工艺　　　　　表12-2

漆面等级	漆面状况	前处理工艺
A级漆面	漆面无明显附着物、划痕、氧化、腐蚀等以及使用不久的新车	洗车→打洗车泥/镜面还原
B级漆面	漆面有轻微失光、失色,有轻微附着物和太阳纹	洗车→打洗车泥→镜面还原
C级漆面	漆面存在较多浅划痕,有明显附着物和氧化层、腐蚀痕迹,有失光、失色现象	洗车→打洗车泥→抛光→镜面还原
D级漆面	漆面存在较多中度、微度划痕,有严重附着物和氧化层、腐蚀痕迹,有失光、失色现象	洗车→打洗车泥→研磨→抛光→镜面还原

(二)漆面打蜡护理作业标准

以C级漆面为例,其打蜡护理作业标准见表12-3。

汽车漆面打蜡护理作业标准　　　　　表12-3

工作步骤	图 示	工作内容	工具、产品
1.洗车		(1)按照洗车流程认真清洁外观; (2)确保漆面清洗干净	洗车设备;工具

续上表

工作步骤	图示	工作内容	工具、产品
2.打洗车泥	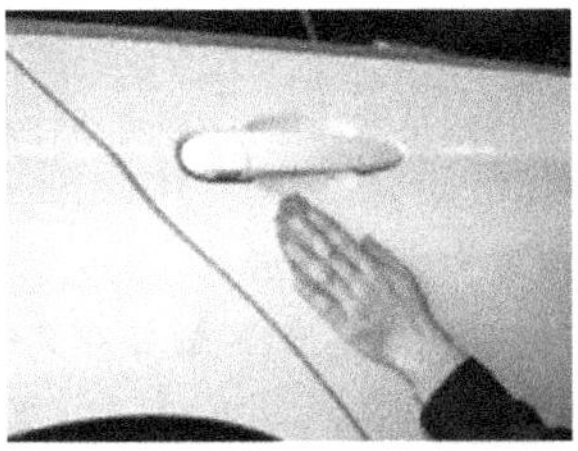	(1)用洗车泥进一步清洁处理漆面顽渍及氧化层,按发动机舱盖→前保险杠→前翼子板→车顶→车门→后翼子板→行李舱盖→后保险杠的顺序进行; (2)对全车漆面进行清洁处理,不可遗漏; (3)清洁处理完成后,清洗擦干车身	洗车泥; 喷壶
3.塑胶件防护		(1)用美纹纸防护:车窗胶条/缝隙、车身细小缝隙、车身塑料件、车标等部位; (2)用塑料遮蔽纸/报纸/大毛巾防护车窗玻璃	美纹纸(纸胶带); 遮蔽纸
4.抛光	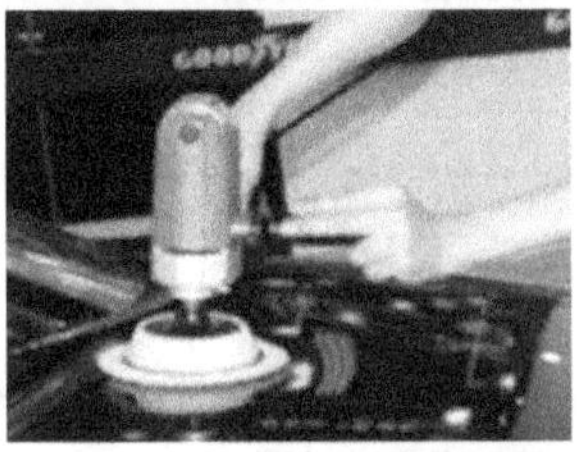	(1)根据车漆类型、车系、漆面状况选择正确的抛光剂和抛光盘,并合理调整转速; (2)涂抹抛光剂于漆面,开机按顺序进行全车抛光; (3)根据漆面状况和不同部位正确运用不同的抛光方法; (4)时刻注意观察漆面变化	抛光机; 抛光盘; 抛光剂; 毛巾
5.还原		(1)确认漆面抛光达到抛光工艺标准; (2)更换还原盘、调整转速、选择还原剂/镜面处理剂; (3)于漆面涂抹还原剂,开机按顺序进行全车漆面还原,不可遗漏; (4)漆面光亮度达到还原工艺标准为止	抛光机; 还原盘; 还原剂; 毛巾
6.上蜡	1)手工上蜡  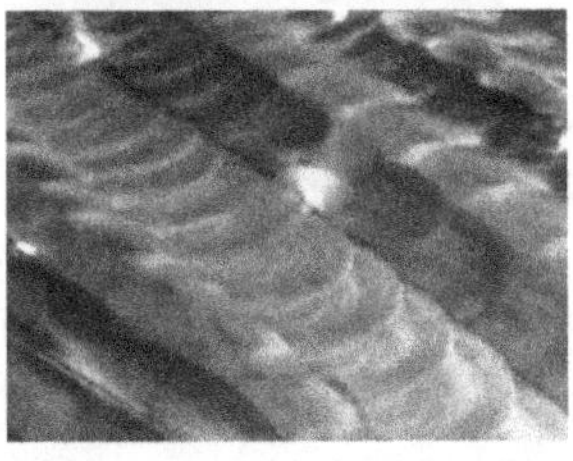	(1)上蜡方法:用上蜡海绵蘸取适量蜡,手掌平压上蜡海绵,进行画圈式上蜡,一圈压一圈呈直线走向,后一道压前一道至少1/4,防止遗漏; 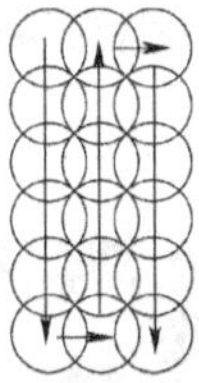 (2)上蜡顺序:发动机舱盖→前保险杠→右前翼子板→右前车门→右后车门→右侧车顶→右后翼子板→行李舱盖→后保险杠→左翼子板→左后车门→左前车门→左侧车顶→左前翼子板	上蜡海绵; 车蜡

续上表

工作步骤	图 示	工作内容	工具、产品
6.上蜡	2）机器上蜡	（1）将蜡涂在打蜡机海绵上，来回直线往复上蜡，不可遗漏； （2）上蜡顺序与手工上蜡一致； （3）注意打蜡机不要超出漆面，涂在其他部位	打蜡机； 车蜡
7.抛蜡	1）手工抛蜡	（1）等待10min左右，用手背感受漆面，车蜡刚刚干燥不粘手时进行抛蜡； （2）选用干净的不脱毛纯棉毛巾，将毛巾折平，按照上蜡顺序做直线往复抛蜡	不脱毛纯棉； 毛巾
	2）机器抛蜡	待车蜡完全干燥后，将抛光机转速调为800r/min，选用最细腻、柔软的海绵盘按照抛光方法和上蜡顺序进行抛蜡	抛光机； 海绵盘
8.清洁残蜡		用干净纯棉毛巾、软毛刷清除以下残蜡： （1）清除漆面过多积蜡； （2）清除越界蜡（超出漆面范围的蜡），如后视镜塑胶座、发动机舱盖后端的刮水器挡板、玻璃边框、车门防擦条、塑料包围等； （3）清除死角残蜡，如前后保险杠角、缝	纯棉毛巾； 软毛刷
9.质检交车		（1）自检：发现问题及时处理； （2）质检：交由质检人员查验； （3）交车	—

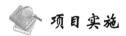 项目实施

任务　汽车漆面打蜡护理实训

1. 制订工作计划

小组讨论、制订汽车漆面打蜡护理工作计划,见表12-4。

汽车漆面打蜡护理工作计划　　　　表12-4

序号	工作步骤	工作人员	工作内容
1	洗车		
2	打洗车泥		
3	塑胶件防护		
4	抛光		
5	还原		
6	上蜡		
7	抛蜡		
8	清洁残蜡		
9	质检交车		

2. 打蜡护理

参照汽车漆面打蜡护理作业标准,按照工作计划开展漆面打蜡护理实训,并在表格中做好相关记录,见表12-5。

汽车漆面打蜡护理过程记录　　　　表12-5

序号	工作步骤	完成情况		不足	改进建议
		是	否		
1	洗车				
2	打洗车泥				
3	塑胶件防护				
4	抛光				
5	还原				
6	上蜡				
7	抛蜡				
8	清洁残蜡				
9	质检交车				

3. 质检验收

按汽车漆面打蜡护理验收标准进行质检验收,见表12-6。

汽车漆面打蜡护理验收标准 表12-6

序号	部位	验收要点	分值	得分 1组	2组	3组	4组
1	发动机舱盖	(1)无明显太阳纹; (2)漆面光滑; (3)漆面光亮; (4)漆面无任何附着物(灰尘、水迹、沙粒、残余研磨剂、残蜡); (5)防护彻底去除; (6)车标、字母表面干净光亮,缝隙处清洁干净; (7)前照灯缝、发动机舱盖边缘、后视镜、车门缝、门拉手、加油口盖缝、尾灯缝、尾门缝无残余研磨剂、残蜡	10				
2	前保险杠		10				
3	右前翼子板		2				
4	右前车门		4				
5	车顶		5				
6	右后车门		4				
7	右后翼子板		2				
8	行李舱盖		4				
9	后保险杠		10				
10	左后翼子板		2				
11	左后车门		4				
12	左前车门		4				
13	左前翼子板		2				
14	车窗玻璃	(1)表面无灰尘、残蜡; (2)无水迹,明亮	8				
15	玻璃胶条	塑胶件上无残蜡,胶条缝内无残蜡	10				
16	轮胎	清洁干净、无杂物	4				
17	铝合金轮毂	表面无脏物、残蜡	5				
18	场地	(1)现场卫生已整理; (2)设备、工具、产品已归位	10				
		合计	100				

备注:80分以下为不合格,需进行返工

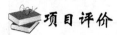

项目评价

学习结束后,需要及时对学习效果进行评价,为体现评价结果的有效性,评价采用自评、互评和教师评相结合的方式,具体评价内容见表12-7。

项目十二评价表　　　　　　　　　　　　　　　　　　表 12-7

能　力	评价内容	分　值	自　评	互　评	教师评
专业、方法能力（60分）	1. 知识准备充分	5			
	2. 实训车辆车漆类型判断准确	5			
	3. 车蜡选用方法及原则正确	10			
	4. 工作计划制订合理、可行	10			
	5. 能按照规范的动作和正确的方法进行打蜡护理	8			
	6. 能按正确的工艺流程及工作计划进行	7			
	7. 打蜡护理达到验收标准	15			
综合能力（40分）	8. 有良好的团队分工及协作表现	8			
	9. 有良好的表达沟通能力	5			
	10. 纪律表现良好	10			
	11. 工作过程中有良好的应变能力	7			
	12. 有良好的安全意识	10			
	合计	100			
	总评				
评语	自评： 　　　　　　　　　　　　　　　　签字：				
	互评： 　　　　　　　　　　　　　　　　签字：				
	教师评： 　　　　　　　　　　　　　　　　签字：				

项目拓展

有些车主会自行上网购买车蜡产品，进行 DIY 自助打蜡。但是由于场地、设备、技术等限制，自助打蜡效果仍然无法与专业汽车美容店的打蜡效果相比。试对比分析 DIY 打蜡和专业打蜡的优势与劣势，并简要写在表 12-8 内相应位置。

DIY 打蜡与专业打蜡对比　　　　　　　　　　　　　　　表 12-8

项　目	优　势	劣　势
DIY 打蜡		
专业打蜡		

项目十三　汽车漆面封釉护理

项目描述

封釉护理作为第二代漆面美容护理项目，目前被普遍采用。釉的主要成分来自石油，是亚纳米级漆面护理产品，分子结构小于漆孔，具有极高的填充性和渗透性，抗氧化能力强，从而解决了打蜡后保持时间短，易溶于水，容易老化、氧化、不耐酸、高温等问题。

釉产品与蜡产品有着极大的不同，其施工工艺也存在一定差异，那么釉具备什么样的特点？漆面封釉后会有哪些好处？以及我们如何正确地进行封釉护理呢？

学习目标

1. 能够说出釉产品的成分和特点；
2. 能够正确描述汽车封釉的好处；
3. 能够按照标准工艺完成漆面封釉护理工作；
4. 能够激发学习、探索兴趣，能够透过实验现象归纳总结事物本质。

建议学时

48 学时。

学习引导

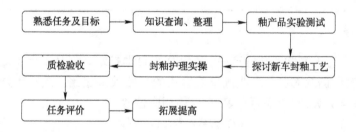

知识准备

一、汽车封釉护理知识

（一）汽车漆面釉产品

汽车漆面釉是一种从石油副产品中提炼出来的抗氧化剂。具有防酸、抗腐、耐高温、耐磨、耐水洗、渗透力强、高光泽度等特点,它的主要成分见表 13-1。

汽车漆面釉产品成分　　　　　　表 13-1

序 号	成 分	特 点
1	液体硅	多功能、半透明、美观稳定
2	光泽元素	光亮、华丽
3	研磨素	可将汽车漆面的凹凸不平填充磨平
4	乳化剂	将液体硅进一步稀释成乳液增加渗透性
5	固化剂	使汽车漆面与釉分子充分的固化
6	水剂	经过提炼的高分子水,这种化学成分的水使二氧化硅充分的稀释,从而达到有机的结合
7	平衡剂	将上述六种化学分子有机结合

(二) 汽车封釉护理定义

汽车封釉是指依靠振抛技术将漆面釉产品反复深压进车漆纹理(毛孔)中,形成一种特殊的网状保护膜,从而提高原车漆面的光泽度、硬度,使车漆能更好地抵挡外界环境的侵袭,有效减少划痕,保持车漆亮度。其原理如图 13-1 所示。

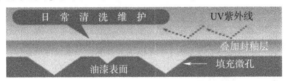

图 13-1　汽车漆面封釉原理示意图

(三) 汽车漆面封釉护理的好处

汽车漆面封釉的作用见表 13-2。

汽车漆面封釉护理作用　　　　　　表 13-2

序 号	作 用	描 述
1	美容	增加车漆亮度,旧车翻新、新车更亮
2	密封	密封车漆,使车漆与外界隔离,防止静电、氧化、腐蚀
3	防划	增加漆面硬度
4	防水	降低雨水附着,减轻雨水腐蚀及透镜效应
5	长效保护	耐高温、抗老化、氧化、防褪色

二、汽车封釉护理作业标准

以 D 级漆面为例,其封釉护理作业标准见表 13-3。

汽车漆面封釉护理作业标准　　　　　　　　　　　　　　　　　表13-3

工作步骤	图　示	工作内容	工具、产品
1. 接车		(1) 主动迎接客户，引导客户停车； (2) 拉开车门，主动问好：您好，欢迎光临； (3) 询问需求/项目确认，提示客户贵重物品随身携带，并关好车窗； (4) 动作规范、语言清晰	—
2. 车况检查		(1) 快速记录车辆信息； (2) 从左前门开始，按顺时针方向环车检查，重点检查漆面（划痕、掉漆、变形、补漆部位）； (3) 发现明显问题时当即告知客户，做好记录； (4) 征得客户同意后进入车内检查； (5) 检查完毕后，请客户确认签字； (6) 引导客户进入休息室休息； (7) 派工	车况检查表；笔
3. 洗车		(1) 按照标准洗车流程清洗； (2) 确保漆面清洗干净	洗车设备、工具
4. 施工准备		(1) 准备施工设备、工具、产品； (2) 施工人员防护（围裙、口罩、手套）	施工防护用品
5. 漆面附着物清除		(1) 检查洗车未完全清除的顽固脏物（沥青、虫尸、树胶、鸟粪、飞漆）； (2) 选用专用清洁剂； (3) 将清洁剂喷洒在脏物部位； (4) 等待2min左右，让脏物充分软化、分解； (5) 用干净的软毛巾将处理部位擦拭干净； (6) 严禁将柏油清洁剂喷到/流到塑胶件上	漆面附着物清除工具、产品

续上表

工作步骤	图 示	工作内容	工具、产品
6.打洗车泥（深度清洁）		(1)用洗车泥进一步清洁处理漆面顽渍及氧化层，按发动机舱盖→前保险杠→前翼子板→车顶→车门→后翼子板→行李舱盖→后保险杠的顺序进行； (2)对全车漆面进行清洁处理，不可遗漏	洗车泥； 喷壶； 清洗液
7.清洁胶条缝		用牙刷/硬毛刷配合洗车液清洁胶条缝隙处的灰尘和污垢	毛刷； 喷壶； 清洗液
8.清洁车身		(1)冲洗车身； (2)用干净的漆面专用毛巾擦干车身； (3)漆面要求无尘、无水	洗车设备
9.塑胶件防护		(1)用美纹纸防护：车窗胶条/缝隙、车身细小缝隙、车身塑料件、车标等部位； (2)用塑料遮蔽纸/报纸/大毛巾防护车窗玻璃	美纹纸(纸胶带)； 遮蔽纸
10.研磨		选用1500~2000号美容砂纸对漆面深度划痕、严重氧化层、橘皮等进行打磨处理	美容砂纸

续上表

工作步骤	图示	工作内容	工具、产品
11. 抛光	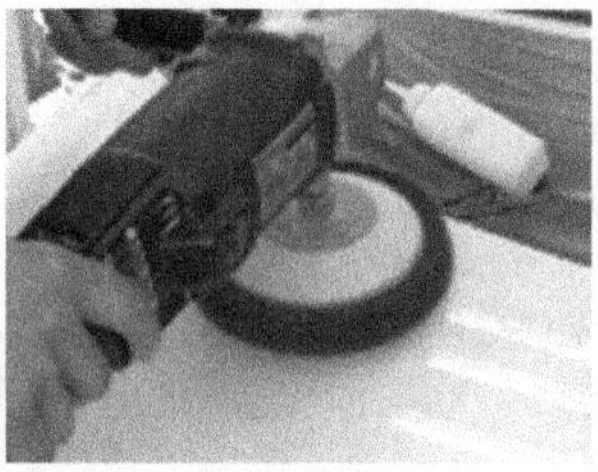	(1) 将抛光机转速调至 2000～2500r/min 左右； (2) 视车漆颜色(深色、浅色)、硬度、厚度和漆面状况选取对应的抛光盘； (3) 根据车系、车漆颜色(深色、浅色)、硬度、厚度和漆面状况选取不同的抛光剂； (4) 安装抛光盘、涂抛光剂； (5) 从发动机舱盖开始，进行直线抛光、后一道压前一道至少1/3、每次移动距离大致与肩同宽； (6) 若对某产品特性和效果不清楚，应先找一块不明显的部位抛光观察； (7) 边角棱缝处抛光时，应以边角棱缝为分界线，分块抛光，防止抛通漆面； (8) 抛光过程中注意漆面温度变化； (9) 漆面出现结块时，应及时处理后再抛； (10) 视抛光部位高度，灵活选用不同站姿； (11) 抛光机无法抛到的部位，用半湿毛巾蘸研磨材料手工抛光； (12) 抛光完成后及时清除干净漆面上残留的研磨剂颗粒，检查确认抛光效果	抛光机； 抛光盘； 抛光剂； 毛巾
12. 还原	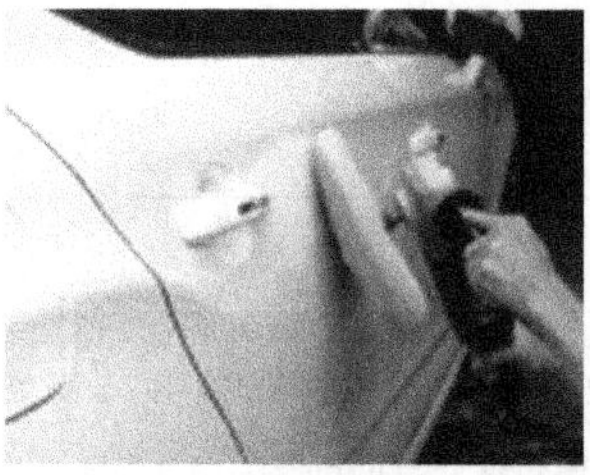	(1) 将抛光机转速调至 1000～1500r/min 左右； (2) 选用更加细腻的海绵盘还原； (3) 若某产品效果不理想时，应选用另一种产品进行尝试； (4) 其他事项参照抛光作业； (5) 还原到漆面如新的效果	抛光机； 还原盘； 还原剂； 毛巾
13. 封釉		(1) 选用波浪形海绵盘； (2) 将釉剂倒在海绵盘上； (3) 封釉振抛机在关机状态下，用海绵盘将釉剂均匀涂开； (4) 封釉振抛机与漆面接触，用力下压，方可开机； (5) 直线移动机器； (6) 发动机舱盖、车顶、行李舱盖采用井字形路线进行网状封釉，车身侧部采用一字形直线封釉； (7) 注意塑胶件上不能封釉，防止触及塑胶件	封釉振抛机； 釉

续上表

工作步骤	图 示	工作内容	工具、产品
14.抛釉		(1)封完釉大约15min,待釉剂充分深入漆面微孔中,方可开始擦釉; (2)将干净的擦釉毛巾折成四方形,手形打开,按从前往后的顺序擦釉; (3)擦完后,认真检查,尤其是门缝、前照灯缝、保险杠、门把手、发动机舱盖缝处,必须将残釉清除干净	不脱毛纯棉毛巾
15.清洁残釉		用干净纯棉毛巾、软毛刷清除以下残蜡: (1)清除漆面过多积釉; (2)清除越界釉(超出漆面范围的釉),如后视镜塑胶座、发动机舱盖后端的刮水器挡板、玻璃边框、车门防擦条、塑料包围等; (3)清除死角残釉,如前后保险杠角、缝	纯棉毛巾;软毛刷
16.质检		(1)结合验收标准先自检; (2)发现问题马上返工处理; (3)交由质检员或组长质检	质检验收表
17.交车		(1)交还钥匙; (2)左手打开车门,右手背起,请客户入车; (3)礼送,致欢送词:"您慢走,欢迎下次光临!"	—

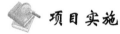
项目实施

任务1 釉产品认知

1.耐高温性

准备两个灭火器,将两块发动机舱盖(一块已封釉,一块未封釉)放在空旷处,向两块发动机舱盖漆面喷洒柏油清洁剂,点火燃烧2min后,观察两块发动机舱盖漆面变化,并将相关情况记录在表13-4中。

耐高温性能实验记录表　　　　　　　　　　表 13-4

实 验 对 象	实验现象(漆面变化)
发动机舱盖1(未封釉)	
发动机舱盖2(已封釉)	
结论	

2. 溶水性

向两个玻璃杯中加入开水,将蜡和釉分别滴到两个玻璃杯中,充分搅拌,观察溶解情况,并将相关情况记录在表 13-5 中。

溶水性实验记录表　　　　　　　　　　表 13-5

实 验 对 象	实 验 现 象
蜡	
釉	
结论	

3. 渗透性

向两张牛皮纸上分别滴上蜡和釉,观察渗透情况,并将相关情况记录在表 13-6 中。

渗透性实验记录表　　　　　　　　　　表 13-6

实 验 对 象	实 验 现 象
蜡	
釉	
结论	

任务 2　汽车漆面封釉护理实训

1. 制订工作计划

小组讨论、制订汽车漆面封釉护理工作计划,见表 13-7。

汽车漆面封釉护理工作计划　　　　　　　　　　表 13-7

序号	工作步骤	工作人员	工作内容
1	接车		
2	车况检查		
3	洗车		
4	施工准备		
5	漆面附着物清除		

续上表

序号	工作步骤	工作人员	工作内容
6	打洗车泥（深度清洁）		
7	清洁胶条缝		
8	清洁车身		
9	塑胶件防护		
10	研磨		
11	抛光		
12	还原		
13	封釉		
14	抛釉		
15	清洁残釉		
16	质检		
17	交车		

2. 封釉护理

参照汽车漆面封釉护理作业标准，按照工作计划开展漆面封釉护理实训，并在表13-8中做好相关记录。

汽车漆面封釉护理过程记录　　　　表13-8

| 序号 | 工作步骤 | 完成情况 | | 不足 | 改进建议 |
		是	否		
1	接车				
2	车况检查				
3	洗车				
4	施工准备				
5	漆面附着物清除				
6	打洗车泥（深度清洁）				
7	清洁胶条缝				
8	清洁车身				
9	塑胶件防护				
10	研磨				
11	抛光				
12	还原				
13	封釉				

续上表

序号	工作步骤	完成情况 是	完成情况 否	不足	改进建议
14	抛釉				
15	清洁残釉				
16	质检				
17	交车				

3. 质检验收

按汽车漆面封釉护理验收标准进行质检验收，见表13-9。

汽车漆面封釉护理验收标准　　　表13-9

序号	部位	验收要点	分值	得分 1组	得分 2组	得分 3组	得分 4组
1	发动机舱盖		10				
2	前保险杠		10				
3	右前翼子板	(1)在光线下无明显太阳纹(光圈)； (2)车漆无氧化层、沥青、可去除划痕等； (3)漆面光滑； (4)漆面光亮； (5)漆面无任何施工附着物(灰尘、水迹、沙粒、残余研磨剂、残釉)； (6)防护彻底去除，且无残胶； (7)车标、字母表面干净光亮，边角缝隙处清洁干净； (8)漆面无抛光损坏部位	2				
4	右前车门		4				
5	车顶		5				
6	右后车门		4				
7	右后翼子板		2				
8	行李舱盖		4				
9	后保险杠		10				
10	左后翼子板		2				
11	左后车门		4				
12	左前车门		4				
13	左前翼子板		2				
14	车窗玻璃	(1)表面无灰尘、残釉； (2)无水迹，明亮	8				
15	玻璃胶条	塑胶件上无残蜡，胶条缝内无残蜡	10				
16	轮胎	清洁干净、无杂物	4				
17	铝合金轮毂	表面无脏物、残蜡	5				
18	场地	(1)现场卫生已整理； (2)设备、工具、产品已归位	10				
	合计		100				

备注：80分以下为不合格，需进行返工

 项目评价

学习结束后,需要及时对学习效果进行评价,为体现评价结果的有效性,评价采用自评、互评和教师评相结合的方式,具体评价内容见表13-10。

项目十三评价表 表13-10

能 力	评 价 内 容	分 值	自 评	互 评	教师评
专业、方法能力（60分）	1. 知识准备充分	5			
	2. 实验方法正确,结果合理,能科学分析得出正确结论	10			
	3. 新车封釉工艺标准正确	8			
	4. 工作计划制订合理、可行	7			
	5. 能按照动作规范和正确的方法进行封釉护理	8			
	6. 能按正确的工艺流程及工作计划进行	7			
	7. 封釉护理达到验收标准	15			
综合能力（40分）	8. 有良好的团队分工及协作表现	8			
	9. 有良好的表达沟通能力	5			
	10. 纪律表现良好	10			
	11. 工作过程中有相应的调整、变化能力	7			
	12. 有良好的安全意识	10			
	合计	100			
	总评				
评语	自评： 签字：				
	互评： 签字：				
	教师评： 签字：				

项目拓展

新车漆面的"毛细孔"是干净的,没有受到污染,也没有形成氧化层和划痕,因此新车封釉与旧车封釉工艺上有些不同,结合知识准备中的旧车封釉护理工艺,认真思考,写出新车封釉护理工艺。

项目十四　汽车漆面镀膜、量子镀晶护理

项目描述

漆面镀膜技术,是第三代漆面美容护理项目,由于釉和蜡产品都是从石油中提炼出来的,再加上一些辅助原料制成,容易氧化、保护作用有限且不持久。所以选用新型环保、稳定的材料来提炼合成镀膜产品,漆面保护形式由"结合"变为"覆盖",有效对车漆形成保护。

量子镀晶是近年来兴起的第四代漆面美容护理项目,采用更加环保稳定的无机纳米级材料,通过更为先进的施工工艺,使材料在漆面形成一层非常光亮的结晶体,对漆面起到更持久、有效的防护。

镀膜和镀晶技术,与其他护理技术的产品、施工工艺上存在较大的区别,是一种全新的漆面护理方式。

学习目标

1. 能够说出镀膜和量子镀晶的定义和好处;
2. 能够正确分析镀膜和镀晶的具体区别以及保护原理;
3. 能够按照标准工艺完成漆面镀膜和量子镀晶工作;
4. 能够养成善于观察、思考,灵活调整策略和方法的能力。

建议学时

20学时。

学习引导

知识准备

一、汽车漆面镀膜、量子镀晶护理知识

(一)汽车漆面镀膜、量子镀晶定义

1. 汽车漆面镀膜定义

汽车漆面镀膜是在抛光、还原工艺的基础上,选用专用镀膜剂将其均匀地涂抹在漆面

上,再用无纺布抛光,在漆面形成一层保护膜。将车漆和外界完全隔开,具有较高的强度和耐久性,如图14-1所示。

2. 汽车漆面量子镀晶定义

汽车漆面量子镀晶是在镀膜的基础上改进镀膜材料,采用结构紧密、性能稳定的100%纯无机结晶材料,用专用镀晶喷枪均匀喷洒在漆面上,利用红外线烘烤原理,将产品快速渗透到车漆气孔内部,形成一层强大的保护晶体和不被氧化的玻璃质层,可提高漆面镜面亮度和硬度,防止划痕、紫外线、酸雨等对漆面的侵害和损伤,如图14-2所示。

图14-1 汽车漆面镀膜

图14-2 汽车漆面量子镀晶

(二)汽车镀膜、量子镀晶原理

1. 汽车漆面镀膜原理

汽车漆面镀膜是指给车身漆面涂上一层保护膜,产品材料在漆面产生化学反应生成一种致密的保护膜层(不与漆面产生反应),生成物硬度大、耐摩擦、膜层持续时间长、在漆面上有良好的附着性,能有效保护漆面,如图14-3所示。

2. 汽车漆面量子镀晶原理

采用分子结构远远小于漆孔直径的镀晶产品,通过喷枪均匀喷涂,使产品分子渗透车漆内部,在车漆表面快速自主形成纳米分子团,分子团之间相互牢固结合,从而快速形成一种更加致密的保护晶体,晶体层硬度大、耐摩擦、持续时间更长、在漆面上有良好的附着性,隔绝了灰尘、油污、水分子、脏污等微粒以及紫外线对车漆的侵蚀,避免褪色和氧化,如图14-4所示。

图14-3 汽车漆面镀膜原理示意图

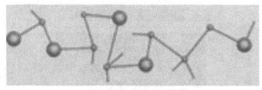

a) 量子镀晶产品分子结构

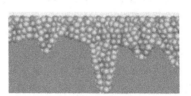

b) 汽车漆面镀晶后形成的晶体层

图14-4 汽车漆面量子镀晶原理示意图

(三)汽车漆面镀膜与量子镀晶对比

汽车镀膜与量子镀晶两种漆面护理方式由于采用的产品不同,其施工工艺及保护效果有一定的差异性,见表14-1。

汽车漆面镀膜与量子镀晶对比 表14-1

区 别	镀 膜	量子镀晶
产品成分	玻璃纤维、纤维素、氟硅聚合物	硅酮树脂、氧化钛、氟素化合物
产品颜色	乳白色或淡黄色	无色透明液体
形态	乳状	液体(无机结晶类似于玻璃)
硬度	硬度小	可提升漆面硬度到6~9H
持久性	时间短、易挥发,维持时间在半年左右	时间长、不氧化,维持时间在一年以上
附着力	较差	强
抗腐蚀	一般,污水、树脂易渗透到漆层	强,污水、树脂只能停留在膜层表面
光泽度	保持时间较短,易沾污渍	在漆面附着上一层透明的玻璃质保护膜,反光度好,持续时间长
施工	较容易,手工镀膜	较复杂,镀晶喷枪、红外线烘烤操作,包含玻璃、轮毂镀晶

(四)汽车漆面镀膜、量子镀晶护理的好处

汽车漆面镀膜、量子镀晶护理的好处见表14-2。

汽车漆面镀膜、量子镀晶护理的好处 表14-2

好 处	图 示
1. 硬度高 增加了漆面的硬度,防止轻微划痕,更耐磨	
2. 环保健康 镀晶剂采用水性无机高分子配方,安全无毒	
3. 渗透力、附着力强 产品分子结构远远小于漆孔直径,极易渗透;车漆内部,在车漆表面快速自主形成纳米分子团,分子团之间相互牢固结合	
4. 保护能力强 纳米级晶体保护,隔绝了灰尘、油污、水分子、脏污等微粒以及紫外线对车漆的侵蚀,耐紫外线、高温、酸碱,抗腐蚀能力强,能有效避免漆面褪色和氧化	
5. 高光泽 提升漆面的镜面效果,使漆面拥有更深层次的光泽度和透明度	

续上表

好　　处	图　　示
6. 保护时间长 保护持久,减少洗车及维护频率	
7. 疏水性强,易清洁 高拨水性,不易沾水,减少酸雨和水渍的侵蚀; 高疏油性能使表面不易沾污,更耐脏,清洗简单方便	

二、汽车漆面镀膜、量子镀晶护理作业标准

1. 汽车漆面镀膜护理作业标准

以 D 级漆面为例,其镀膜护理作业标准见表 14-3。

汽车漆面镀膜护理作业标准　　　　　　　　　　　　表 14-3

工作步骤	图　示	工作内容	工具、产品
		第 1~12 步工艺参考封釉护理工艺第 1~12 步	
13. 清洁车身		(1) 冲洗去除研磨、抛光、还原产生的粉尘; (2) 擦洗漆面、玻璃后,再次冲洗; (3) 用干净不脱毛纯棉毛巾(麂皮巾)擦干车身; (4) 用气枪吹干车身残余水分	洗车设备
14. 车间降尘		(1) 关闭施工车间门; (2) 打开降尘系统,持续 3~5min,让空气中的飞尘颗粒落地; (3) 降尘后再用干毛巾对全车漆面擦拭一遍	车间降尘系统
15. 涂镀膜剂		1) 第一次涂镀膜剂 (1) 将镀膜无纺布包在海绵上,并将镀膜剂倒少许在无纺布上,确保耗用量要均匀; (2) 按照前→后、上→下的顺序涂镀膜剂,要将各部位漆面分成面积相当的小块(天热时小些,天冷时大些),逐块进行施工; (3) 按图 14-5 所示路径均匀涂抹	镀膜剂; 镀膜海绵; 无纺布
		2) 第二次涂镀膜剂 (1) 第一小块第一次涂抹完成后,进行第一小块的第二次涂抹; (2) 按照正确的顺序和路径(图 14-6)反复涂抹数次,直至液体在漆面均匀分布	镀膜剂; 镀膜海绵; 无纺布

续上表

工作步骤	图 示	工作内容	工具、产品
16.擦拭镀膜剂		(1)第一小块涂完后等待1~3min,擦拭时感觉较涩时为最佳擦拭时机; (2)使用镀膜擦拭巾擦拭镀膜区域,直到出现镜面亮泽为准(擦拭路线如图14-7所示); (3)开始下一小块的镀膜、擦拭工作,直到全部漆面施工完成	镀膜擦拭巾
17.质检交车		(1)施工完成后,先进行自检,发现问题及时进行处理; (2)自检达标后,交由质检人员验收; (3)交车,礼送客户	质检验收表

1)镀膜顺序及分块

施工顺序为:发动机舱盖(2~3块)→车顶(2~3块)→行李舱盖(1块)→车头(1块)→A、B、C柱(2块)→左、右前翼子板(2~4块)→左、右前车门(2块)→左、右后车门(2~4块)→左、右后翼子板(2块)→车尾(1~2块)

2)第一次镀膜路径

第一次镀膜路径如图14-5所示。

3)第二次镀膜路径

第二次镀膜路径如图14-6所示。

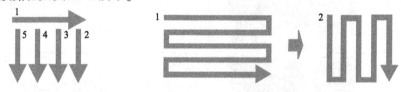

图14-5　第一次镀膜路径示意图　　　图14-6　第二次镀膜路径示意图

循环按照1、2路线反复涂抹数次,直至液体在漆面上均匀涂布。

4)擦拭镀膜剂路线

擦拭镀膜剂路线如图14-7所示。

图14-7　擦拭镀膜剂路线示意图

擦拭镀膜剂时,先按1路线擦一遍,再按2路线擦一遍,之后再重复1、2路线反复擦拭,直至漆面恢复镜面。

2.汽车漆面量子镀晶护理作业标准

以D级漆面为例,其量子镀晶护理作业标准见表14-4。

项目十四　汽车漆面镀膜、量子镀晶护理

汽车漆面量子镀晶护理作业标准　　　　　表14-4

工作步骤	图　示	工作内容	工具、产品
第1~12步工艺参考封釉护理工艺第1~12步			
13.清洁玻璃		按照玻璃恢复工艺，认真处理玻璃表面的油膜、氧化层和顽渍，确保玻璃干净	玻璃清洁剂或洗车泥、研磨剂
14.清洁轮毂		按照轮毂恢复工艺，认真处理掉轮毂上的制动铁粉、氧化层、油污及其他顽渍等，确保轮毂干净	轮毂清洁剂或洗车泥；研磨蜡
15.清洁车身		(1)冲洗车身研磨、抛光、还原粉尘以及玻璃和轮毂上去掉的脏污； (2)擦洗漆面、玻璃、轮毂后，再次冲洗； (3)用干净不脱毛纯棉毛巾(麂皮巾)擦干车身、玻璃和轮毂； (4)用气枪吹干车身、玻璃、轮毂上的残余水分	洗车设备
16.纳米封釉		(1)按照封釉技术要求完成漆面封釉、抛釉任务； (2)认真清除残釉，必须确保无残釉存在	封釉机；量子镀晶产品自带纳米釉
17.漆面量子镀晶		(1)将镀晶产品按施工量倒进喷枪里，进行喷涂操作； (2)镀晶喷涂要分2次进行，施工时间间隔5~10min； (3)喷枪枪头应与漆面保持垂直，距离漆面10~15cm； (4)喷涂应均匀，不宜过厚，过厚会影响亮度并出现发乌现象(若喷涂过厚出现白雾状态，可在30min后用干净毛巾擦除至光亮即可)	量子镀晶喷枪；漆面镀晶剂
18.红外烘烤		(1)镀晶完毕后，使用远红外灯烘烤，加速产品渗透、表面成膜功效，烘烤的顺序为：发动机舱盖→车顶→行李舱盖→左侧车门→右侧车门； (2)烘烤时间为10~15min	远红外线烤灯

续上表

工作步骤	图示	工作内容	工具、产品
19.漆面擦拭		烘烤完成后用超细纤维毛巾擦拭全车,擦拭至光亮为止	超细纤维毛巾
20.玻璃量子镀晶		(1)用玻璃清洁剂将玻璃表面进一步清洁干净; (2)将玻璃镀晶剂适量喷至无纺布上,立即使用无纺布涂抹于玻璃表面; (3)静待25min左右直至固化,在用超细纤维毛巾擦拭光亮	玻璃镀晶剂; 无纺布; 超细纤维毛巾
21.轮毂量子镀晶		(1)用轮毂清洗液将轮毂表面进一步清洁干净,并擦干、吹干水分; (2)将轮毂镀晶剂喷涂与轮毂表面,直到表面完全被覆盖为止,无须用毛巾擦拭	轮毂镀晶剂
22.质检交车		(1)施工完成后,先进行自检,发现问题及时进行处理; (2)自检达标后,交由质检人员验收; (3)交车,礼送客户	质检验收表

 项目实施

任务1　漆面护理方式对比

根据所学内容,对比分析漆面四种护理方式的特点,并写在表14-5中。

汽车漆面护理方式对比　　　　　　表14-5

项　目	打　蜡	封　釉	镀　膜	量子镀晶
主要成分				
原理				
优点				
缺点				
保护时间				

续上表

项 目	打 蜡	封 釉	镀 膜	量子镀晶
价格				
服务优势				
主要品牌				

任务2　漆面镀膜护理实训

1. 制订工作计划

小组讨论、制订汽车漆面镀膜护理工作计划，见表14-6。

汽车漆面镀膜护理工作计划　　　　表14-6

序号	工作步骤	工作人员	工作内容
1	接车		
2	车况检查		
3	洗车		
4	施工准备		
5	漆面附着物清除		
6	打洗车泥（深度清洁）		
7	清洁胶条缝		
8	清洁车身		
9	塑胶件防护		
10	研磨		
11	抛光		
12	还原		
13	清洁车身		
14	降尘		
15	第一次涂镀膜剂		
16	第二次涂镀膜剂		
17	擦拭		
18	质检		
19	交车		

2. 漆面镀膜护理

参照汽车漆面镀膜护理作业标准，按照工作计划开展漆面镀膜护理实训，并在表14-7中做好相关记录。

汽车漆面镀膜护理过程记录　　　　　　　　　　　　　表14-7

序号	工作步骤	完成情况		不　足	改进建议
		是	否		
1	接车				
2	车况检查				
3	洗车				
4	施工准备				
5	漆面附着物清除				
6	打洗车泥（深度清洁）				
7	清洁胶条缝				
8	清洁车身				
9	塑胶件防护				
10	研磨				
11	抛光				
12	还原				
13	清洁车身				
14	降尘				
15	第一次涂镀膜剂				
16	第二次涂镀膜剂				
17	擦拭				
18	质检				
19	交车				

3. 质检验收

按汽车漆面镀膜护理验收标准进行质检验收，见表14-8。

汽车漆面镀膜护理验收标准　　　　　　　　　　　　　表14-8

序号	部　位	验收要点	分值	得分			
				1组	2组	3组	4组
1	发动机舱盖	(1)在光线下无明显太阳纹(光圈)； (2)车漆无可见氧化层、沥青、可去除划痕等； (3)漆面光滑、有陶瓷光泽感，似液体玻璃，手感光滑； (4)车漆表面，无新增损伤部位，无明暗不均、漏镀现象； (5)防护彻底去除，且无残胶；	10				
2	前保险杠		10				
3	右前翼子板		2				
4	右前车门		4				
5	车顶		5				
6	右后车门		4				
7	右后翼子板		2				
8	行李舱盖		4				
9	后保险杠		10				

续上表

序号	部 位	验 收 要 点	分值	得分			
				1组	2组	3组	4组
10	左后翼子板	(6)车标、字母表面干净光亮,边角缝隙处清洁干净; (7)具有良好的防水/拨水效果	2				
11	左后车门		4				
12	左前车门		4				
13	左前翼子板		2				
14	车窗玻璃	(1)表面无灰尘、残余产品颗粒; (2)无水迹,明亮	8				
15	玻璃胶条	塑胶件上无脏物,已上光	10				
16	轮胎	清洁干净、无杂物,已上光	4				
17	铝合金轮毂	表面无脏物,已上光	5				
18	场地	(1)现场卫生已整理; (2)设备、工具、产品已归位	10				
		合计	100				

备注:80分以下为不合格,需进行返工

任务3 漆面量子镀晶护理实训

1.制订工作计划

小组讨论、制订汽车漆面量子镀晶护理工作计划,见表14-9。

汽车漆面量子镀晶护理工作计划　　　　表14-9

序号	工作步骤	工作人员	工作内容
1	接车		
2	车况检查		
3	洗车		
4	施工准备		
5	漆面附着物清除		
6	打洗车泥(深度清洁)		
7	清洁胶条缝		
8	清洁车身		
9	塑胶件防护		
10	研磨		
11	抛光		
12	还原		
13	清洁玻璃		
14	清洁轮毂		
15	清洁车身		

续上表

序号	工作步骤	工作人员	工作内容
16	纳米封釉		
17	漆面量子镀晶		
18	红外烘烤		
19	擦拭		
20	玻璃量子镀晶		
21	轮毂量子镀晶		
22	质检		
23	交车		

2. 量子镀晶护理

参照汽车漆面量子镀晶护理作业标准，按照工作计划开展漆面量子镀晶护理实训，并在表14-10中做好相关记录。

汽车漆面量子镀晶护理过程记录　　　　　　表14-10

序号	工作步骤	完成情况 是	完成情况 否	不足	改进建议
1	接车				
2	车况检查				
3	洗车				
4	施工准备				
5	漆面附着物清除				
6	打洗车泥（深度清洁）				
7	清洁胶条缝				
8	清洁车身				
9	塑胶件防护				
10	研磨				
11	抛光				
12	还原				
13	清洁玻璃				
14	清洁轮毂				
15	清洁车身				
16	纳米封釉				
17	漆面量子镀晶				
18	红外烘烤				
19	擦拭				
20	玻璃量子镀晶				

续上表

序号	工作步骤	完成情况		不足	改进建议
		是	否		
21	轮毂量子镀晶				
22	质检				
23	交车				

3. 质检验收

按汽车漆面量子镀晶护理验收标准进行质检验收,见表14-11。

汽车漆面量子镀晶护理验收标准　　　　　　表14-11

序号	部位	验收要点	分值	得分			
				1组	2组	3组	4组
1	发动机舱盖		10				
2	前保险杠		10				
3	右前翼子板		2				
4	右前车门	(1) 在光线下无明显太阳纹(光圈);	4				
5	车顶	(2) 车漆无氧化层、沥青、可去除划痕等;	5				
6	右后车门	(3) 漆面光滑、有陶瓷光泽、晶莹剔透;	4				
7	右后翼子板	(4) 硬度提高,有抗基本划痕的能力;	2				
8	行李舱盖	(5) 漆面光泽润滑、似液体玻璃、手感清凉如丝;	4				
9	后保险杠	(6) 具有良好的防水/拨水效果;	10				
10	左后翼子板	(7) 车身漆面无新增损伤部位、无明暗不均、漏镀等现象	2				
11	左后车门		4				
12	左前车门		4				
13	左前翼子板		2				
14	车窗玻璃	(1) 表面镀膜均匀、无堆积; (2) 光滑、亮丽; (3) 具有良好的防水/拨水效果	8				
15	玻璃胶条	塑胶件上无脏污,已上光	10				
16	轮胎	清洁干净,已上光	4				
17	铝合金轮毂	(1) 表面镀膜均匀、无堆积; (2) 光滑、亮丽	5				
18	场地	(1) 现场卫生已整理; (2) 设备、工具、产品已归位	10				
		合计	100				
备注:80分以下为不合格,需进行返工							

项目评价

学习结束后,需要及时对学习效果进行评价,为体现评价结果的有效性,评价采用自评、

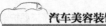

互评和教师评相结合的方式,具体评价内容见表 14-12。

项目十四评价表　　　　　　　　　　　　　　　表 14-12

能　力	评价内容	分　值	自　评	互　评	教 师 评
专业、方法能力（60 分）	1. 知识准备充分	8			
	2. 护理方式对比分析到位、符合实际情况	8			
	3. 镀膜、镀晶工作计划制订合理、可行	10			
	4. 能按照动作规范和正确的方法进行镀膜、量子镀晶护理	10			
	5. 能按正确的工艺流程及工作计划进行	8			
	6. 镀膜、量子镀晶护理达到验收标准	16			
综合能力（40 分）	7. 有良好的团队分工及协作表现	8			
	8. 有良好的表达沟通能力	5			
	9. 纪律表现良好	10			
	10. 工作过程中有相应的调整、变化能力	7			
	11. 有良好的安全意识	10			
	合计	100			
	总评				
评语	自评： 　　　　　　　　　　　　　　　　　　　　　　　　　　　　签字： 互评： 　　　　　　　　　　　　　　　　　　　　　　　　　　　　签字： 教师评： 　　　　　　　　　　　　　　　　　　　　　　　　　　　　签字：				

项目拓展

由于量子镀晶护理是一种全新的漆面护理方式,其产品价格高、施工工艺复杂、漆面保护更有效持久,因此服务收费远高于其他类型的漆面护理方式,致使大部分车主无法接受,如果你是店内的店长或销售顾问,你打算采取什么样的策略或话术来推荐漆面量子镀晶产品？

结合所学知识认真思考,在表 14-13 中写出相应策略或话术。

量子镀晶产品销售策略与话术　　　　　　　　　　表 14-13

策　略	话　术	补　充

项目十五　汽车底盘装甲

项目描述

汽车底盘工作环境十分恶劣,如遇到凹凸不平的道路、砂石路面、高温路面、雨水泥巴道路/街道、冰雪道路等,这些复杂的道路环境会使汽车底盘生锈、腐蚀、穿孔等,严重时会造成底盘变形、漏油、尾气泄漏、转向受损、制动失灵等情况,严重影响行车安全。因此,认识底盘外部结构、了解底盘护理产品、掌握底盘护理施工流程及操作方法,对底盘实施正确的护理,是本次任务的主要学习内容。

学习目标

1. 能够说出底盘装甲产品种类和常见品牌;
2. 能够描述底盘装甲的好处;
3. 能够正确使用工具、设备、产品完成底盘装甲任务;
4. 能够形成安全操作的意识。

建议学时

24 学时。

学习引导

 知识准备

一、汽车底盘相关知识

(一)汽车底盘外观部件

查阅资料或观看汽车底盘实物,在图 15-1 中写出相关零部件的名称。

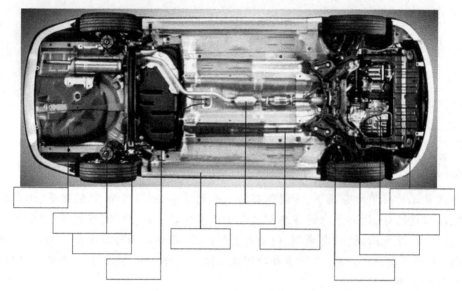

图15-1 汽车底盘外观零部件

(二)汽车底盘工作环境

1. 砂石撞击

汽车高速行驶时路面砂石飞击底盘,造成漆膜磨损、穿透,腐蚀及锈迹会从损伤点开始逐渐渗透扩大。

2. 托底

凹凸不平的路面会刮蹭底盘及主要部件,导致变形、掉漆、漏油等严重问题。

3. 雨水、冰雪、泥沙

雨水、冰雪和泥沙含有各种腐蚀性物质,会接触甚至黏附到底盘上,导致底盘腐蚀、生锈。

4. 高、低温

底盘距地面较近,夏季路表高温对底盘烘烤,冬季冰雪及低温冷冻,使底盘忍受高、低温的影响。

5. 噪声、振动

噪声、振动来自高速行驶中空气高速流过底盘产生的风噪、轮胎摩擦产生的噪声,以及共振产生的振动。

二、汽车底盘装甲知识

(一)汽车底盘装甲定义

汽车底盘装甲又叫汽车底盘防撞防锈隔音,是将一种特殊的弹性胶质材料喷涂在汽车底盘上,将底盘及轮框完全包裹起来,其自然干燥、固结后形成一层牢固的弹性防护层,可减轻砂石撞击造成的损伤,同时起到防腐、防锈及一定的隔音作用。

(二)汽车底盘装甲产品

1. 产品种类

市面上常见的汽车底盘装甲产品种类见表15-1。

底盘装甲产品种类　　　　　　　　　　　　表 15-1

种　类	特　点
第一代:含沥青成分的底盘防锈胶	(1)价格便宜; (2)沥青干以后会产生龟裂,形成很多裂缝,水进入裂缝后,会造成"电池效应",使车底盘的锈蚀更加厉害,对车的危害会更大; (3)为非环保型产品,逐步退出市场
第二代:油性(溶剂性)底盘防锈胶	(1)含有对人体有害的有毒物质(用来做稀释剂的溶剂,如甲苯),会破坏环境和损害人体健康,为非环保型产品,逐步退出市场; (2)油性(溶剂性)产品的胶层很硬,稍微弯曲一下,胶层就会开裂,缺少弹性; (3)隔音效果较差
第三代:水溶性底盘防锈胶	(1)稀释剂为水,不含有毒物质,又称水溶性底盘防锈胶,为环保型底盘防锈胶; (2)水溶性底盘防锈胶附着力强、胶层弹性较好,底盘隔音效果显著; (3)由于施工受温度、湿度的影响较大,耗时较长
第四代:复合高分子树脂漆	(1)为环保快干型产品; (2)具有高防水性、高弹性、高防腐性、高吸音降噪性; (3)在环保的基础上运用其独特的深层电离四元接枝技术,将四种不同性能的高分子材料融为一体,它不受湿度、温度的控制,大大缩短了施工时间

2. 产品的品牌

市面上常见的汽车底盘装甲产品的品牌如图 15-2 所示,查阅资料,在品牌标志下方的横线上写出品牌名称。

a)＿＿＿＿　b)＿＿＿＿　c)＿＿＿＿　d)＿＿＿＿　e)＿＿＿＿

f)＿＿＿＿　g)＿＿＿＿　h)＿＿＿＿　i)＿＿＿＿　j)＿＿＿＿

图 15-2　汽车底盘装甲产品常见品牌

3. 产品适用部位

底盘装甲产品适用于轿车以下部位的喷涂,如图 15-3 所示。

图 15-3　底盘装甲产品适用部位

4. 产品用量

一般而言,底盘装甲是越厚越好,只喷一遍或只用一瓶是没有防护效果的。因此,对产品用量有一定的要求,市场上各产品的含量主要有1kg、700mL和500mL三种,以每瓶1kg来计算,五座轿车的标准用量为至少6瓶(轮框2瓶、底盘4瓶),七座轿车或车身较长轿车用量至少为8瓶(轮框2瓶、底盘6瓶),也可根据车主需求适当加厚。汽车底盘装甲产品用量及厚度对应关系如图15-4所示。

图15-4 底盘装甲产品用量及厚度对应图

(三)汽车底盘装甲的好处

(1)隔热防寒。

(2)防石击。

(3)防腐防锈。

(4)减缓托底冲击力。

(5)隔音降噪。

(四)底盘装甲设备、工具、用品

1. 设备

汽车底盘装甲施工用到的设备(查阅资料,将名称写在横线上)如图15-5所示。

a)＿＿＿＿＿＿ b)＿＿＿＿＿＿ c)＿＿＿＿＿＿

图15-5 汽车底盘装甲施工设备

2. 工具

汽车底盘装甲施工用到的工具(查阅资料,将名称写在横线上)如图15-6所示。

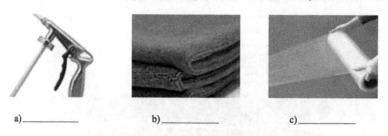

a)＿＿＿＿＿＿ b)＿＿＿＿＿＿ c)＿＿＿＿＿＿

图15-6 汽车底盘装甲施工工具

3. 防护用品

汽车底盘装甲施工用到的防护用品(查阅资料,将名称写在横线上)如图15-7所示。

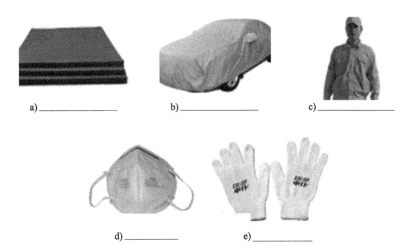

a) _____ b) _____ c) _____

d) _____ e) _____

图 15-7　汽车底盘装甲施工用品

三、汽车底盘装甲作业标准

汽车底盘装甲作业标准见表 15-2。

汽车底盘装甲作业标准　　　　　　表 15-2

工作步骤	图　示	工作内容	工具、产品
1. 接车			
2. 车况检查确认			
3. 洗车			
4. 拆卸轮胎		（1）将车辆开到举升机位置，拉紧驻车制动手柄，将举升臂与汽车固定好； （2）拆卸四个轮胎，并将轮胎放好； （3）拆卸轮框内衬的固定卡扣，拿下轮框内衬，并保管好卡扣	轮胎拆卸工具； 一字螺丝刀
5. 举升汽车		（1）再次检查防滑支座是否可靠地垫在汽车举升固定位上； （2）确认无误后，观察周围环境安全后，按上升按钮，将汽车升至所需的高度； （3）按动下降按钮，使四个挂钩可靠地支承在挂板上，此时方可进入汽车下方	举升机
6. 拆卸底盘护板		（1）观察原车底盘塑料护板的固定方式和位置； （2）拆卸底盘塑料护板	套装工具

续上表

工作步骤	图 示	工作内容	工具、产品
7.清洁底盘		(1)底盘有较多泥沙时,先用高压水枪冲洗; (2)遇到顽渍污垢时,可用铲刀、清洗剂、毛刷、毛巾配合清洁; (3)有明显锈迹时,可用除锈剂去除; (4)确保底盘、轮框喷涂部位清洁干净	高压洗车机; 铲刀; 清洗剂; 毛巾; 毛刷; 除锈剂
8.遮蔽		(1)用报纸或塑料遮蔽纸包裹好散热装置,如排气管; (2)包裹制动管路、电线线路; (3)包裹制动钳、制动盘、减振弹簧、减振器等运动部件; (4)包裹发动机、变速器下部; (5)包裹水箱	塑料遮蔽纸; 报纸
9.防护		(1)用废旧纸板或塑料遮蔽纸铺在车辆下方的地面上; (2)用车衣或塑料遮蔽纸对车身及四周裙边进行遮蔽防护,防止飞溅到车漆上; (3)穿好喷涂工作服,戴好防护帽、手套和防护口罩	纸板; 塑料遮蔽纸; 工作服; 防护帽; 手套; 防护口罩

续上表

工作步骤	图 示	工作内容	工具、产品
10.喷涂		(1)检查底盘喷枪是否有堵塞; (2)充分摇匀底盘装甲产品,拆开瓶盖,将喷枪管道插入瓶内,并拧紧盖子; (3)接好气管; (4)对准喷涂部位,按下喷枪开关,与喷涂表面保持20cm左右的距离,缓慢匀速移动喷枪,进行均匀喷涂; (5)至少要喷涂3遍,每次间隔15min左右,底盘3次喷涂完成后,对轮框进行喷涂; (6)除了遮蔽过的部位,底盘有些部位也是无须喷涂的,比如目前大部分车辆采用树脂油箱、排气管隔热板、副车架、下摆臂等部位	底盘喷枪; 底盘装甲; 空气压缩机
11.检查		认真检查喷涂是否均匀、是否有遗漏、是否喷到不喷部位(如有,应及时清除)	—
12.去除遮蔽		仔细去除底盘所有遮蔽材料	—
13.安装轮胎		(1)按动上升按钮,使四个挂钩脱离挂板,按下降按钮,降下汽车; (2)安装轮胎,按照规定的力矩紧固螺钉; (3)撤去举升机防滑支座,将汽车驶离举升机	轮胎拆卸工具
14.场地整理		(1)去除地面防护; (2)将防护/遮蔽材料进行正确处理; (3)回收工具、设备; (4)清洗喷枪	—
15.质检			
16.交车			

项目实施

任务1　底盘装甲产品性能测试

1. 测试准备

产品性能测试前的准备工作见表15-3。

测试准备事项　　　　　　　　　　　　　　　　　　　　　表15-3

序　号	准　备　事　项
1	一瓶品牌底盘装甲产品、一瓶普通底盘装甲产品
2	已喷涂好两种不同产品的钢板两块
3	白纸两张、牛皮纸两张
4	打火机
5	小石子
6	汽油
7	棉签

2. 性能测试

1) 溶解度测试

用两根棉签蘸取汽油,分别擦拭2块钢板上的涂层,如图15-8所示。

a) 品牌产品

b) 普通产品

图15-8　溶解度测试示意图

观看棉签上溶解情况,并在表15-4中记录测试结果。

溶解度测试记录表　　　　　　　　　　　　　　　　　　　表15-4

产　品	测试结果	得出结论
品牌产品		
普通产品		

2) 抗石击测试

用石子用力击打两块钢板,如图15-9所示。

a) 品牌产品　　　　　　　　　　　　b) 普通产品

图 15-9　抗石击测试示意图

观看击打后涂层变化,并在表 15-5 中记录测试结果。

抗石击测试记录表　　　　　　　　　　　表 15-5

产　品	测　试　结　果	得　出　结　论
品牌产品		
普通产品		

3）阻燃性测试

将两种产品涂抹在两张纸条上,进行燃烧测试,如图 15-10 所示。

a) 品牌产品　　　　　　　　　　　　b) 普通产品

图 15-10　阻燃性测试示意图

观察燃烧情况,并在表 15-6 中记录测试结果。

阻燃性测试记录表　　　　　　　　　　　表 15-6

产　品	测　试　结　果	得　出　结　论
品牌产品		
普通产品		

4)成分测试

将两种产品倒少量在白纸上,看是否有黄点、酒红色或咖啡色出现,并在表15-7中记录测试结果。

成分测试记录表　　　　　　　　　　表15-7

产　品	测　试　结　果	得　出　结　论
品牌产品		
普通产品		

5)渗透、附着性能测试

将两种产品倒少量在牛皮纸上,观察渗透及附着情况,并在表15-8中记录测试结果。

渗透性、附着性能测试记录表　　　　　表15-8

产　品	测　试　结　果	得　出　结　论
品牌产品		
普通产品		

6)简单人工测试

(1)闻:打开两种产品,闻嗅产品气味。

(2)看:看钢板喷涂层表面凹凸感及均匀性。

(3)掐:用力掐钢板喷涂层,看凹痕能否迅速恢复。

(4)折:从不同角度弯曲样板,看是否会断裂。

(5)晒:把两块钢板放在太阳底下暴晒,看是否会变软、变黏。

借助以上五种办法对两种产品进行人工测试,并在表15-9中记录测试结果。

简单人工测试记录表　　　　　　　　表15-9

产　品	测试方式	测　试　结　果	得　出　结　论
品牌产品	闻		
	看		
	掐		
	折		
	晒		
普通产品	闻		
	看		
	掐		
	折		
	晒		

3. 测试结果综合分析

根据以上六种方式的测试结果,对比分析两种底盘装甲产品的性能,并将分析结果写在表 15-10 中。

测试结果综合分析记录表 表 15-10

产品	成分	环保性	溶解性	耐高温	附着性	柔韧性	抗撞击能力	撞击恢复性	燃烧安全性	隔音降噪能力
品牌产品										
普通产品										

任务 2 举升机安全操作

1. 举升设备认知

查阅资料、阅读举升机操作说明或咨询教师,完成表 15-11 内容的填写。

常见汽车举升设备名称及安全操作规程 表 15-11

序号	图示	名称	安全操作规程
1			
2			
3			
4			
5	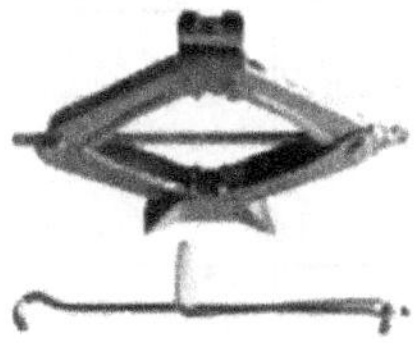		

2. 举升设备操作实训

按照汽车举升设备安全操作规程说明进行空载、负载升降操作练习。

任务3　汽车底盘装甲实训

1. 制订工作计划

小组讨论、制订汽车底盘装甲工作计划，见表15-12。

汽车底盘装甲工作计划　　　　　　　　　　表15-12

序号	施工操作步骤	操作人员	工作内容
1	接车		
2	车况检查确认		
3	洗车		
4	拆卸轮胎		
5	举升汽车		
6	拆卸底盘护板		
7	清洁底盘		
8	遮蔽		
9	防护		
10	喷涂		
11	检查		
12	去除遮蔽		
13	安装轮胎		
14	场地整理		
15	质检		
16	交车		

2. 底盘装甲

参照汽车底盘装甲作业标准，按照工作计划开展底盘装甲实训，并在表15-13中做好相关记录。

底盘装甲过程记录　　　　　　　　　　表15-13

序号	工作步骤	完成情况 是	完成情况 否	不足	改进建议
1	接车				
2	车况检查确认				
3	洗车				
4	拆卸轮胎				
5	举升汽车				
6	拆卸底盘护板				
7	清洁底盘				

续上表

序号	工作步骤	完成情况		不足	改进建议
		是	否		
8	遮蔽				
9	防护				
10	喷涂				
11	检查				
12	去除遮蔽				
13	安装轮胎				
14	场地整理				
15	质检				
16	交车				

3. 质检验收

按汽车底盘装甲验收标准进行质检验收,见表15-14。

汽车底盘装甲验收标准 表15-14

序号	验收要点	分值	得分			
			1组	2组	3组	4组
1	底盘、轮框喷涂部位无滴流、堆积现象	10				
2	底盘、轮框无漏喷部位	10				
3	底盘、轮框涂层喷涂均匀	10				
4	"喷涂禁区"内,不能喷涂或存在飞溅、黏附涂料	10				
5	车身漆面、四周裙边、轮毂、轮胎无黏附、飞溅的涂料	15				
6	轮胎安装顺序正确,螺钉紧固	20				
7	车身、地面、非喷涂部位的遮蔽材料去除干净	5				
8	喷枪及时清洁干净	10				
9	现场卫生已整理;设备、工具、产品已归位	10				
	合计	100				

备注:80分以下为不合格,需进行返工

项目评价

学习结束后,需要及时对学习效果进行评价,为体现评价结果的有效性,评价采用自评、互评和教师评相结合的方式,具体评价内容见表15-15。

项目十五评价表 表15-15

能力	评价内容	分值	自评	互评	教师评
专业、方法能力(60分)	1.知识准备充分、正确	5			
	2.底盘装甲产品性能测试操作方法正确、结果准确、结果分析合理	10			
	3.举升机种类识别、操作规程列举正确,并能按照操作规程正确操作举升机	10			

续上表

能　　力	评　价　内　容	分　　值	自　评	互　评	教　师　评
专业、方法能力（60分）	4. 工作计划制订合理、分工明确	5			
	5. 能严格按照工作计划和施工工艺施工	5			
	6. 施工动作规范,方法正确	5			
	7. 效果达到验收标准（根据验收打分表进行折算;另外每返工一次扣5分）	20			
综合能力（40分）	8. 有良好的团队分工及协作表现	10			
	9. 有良好的表达沟通能力	5			
	10. 体现出规范的服务礼仪	5			
	11. 纪律表现良好	10			
	12. 有良好的安全意识	10			
	合计	100			
	总评				
评语	自评： 　　　　　　　　　　　　　　　　　　　　　　　签字：				
	互评： 　　　　　　　　　　　　　　　　　　　　　　　签字：				
	教师评： 　　　　　　　　　　　　　　　　　　　　　　　签字：				

项目拓展

如何向客户介绍底盘装甲？在下方横线上简要写出销售话术。

_____

_____

_____

项目十六 汽车玻璃贴膜

项目描述

汽车玻璃贴膜是新车装饰的主要项目,已成为车主选择最多的装饰项目之一,越来越受广大有车族的认可。整个贴膜过程较为复杂,为能顺利完成贴膜任务,要求必须在无尘车间进行施工,贴膜技师应熟悉施工车型、各品牌膜的特性,还必须掌握汽车防爆太阳膜的基本知识、施工工艺流程和标准的施工动作规范。

学习目标

1. 能够说出汽车防爆太阳膜的作用、种类;
2. 能够画出典型的汽车防爆太阳膜多层结构图;
3. 能够正确完成性能参数的计算,并能运用参数评价对比不同膜的性能;
4. 能够正确运用人工鉴别和设备鉴别方法检测膜的性能;
5. 能够正确选用施工工具;
6. 能够按照施工流程和动作规范完成全车玻璃贴膜;
7. 能够形成严谨、细致的工作作风,有良好的安全、节约、合作意识。

建议学时

96学时。

学习引导

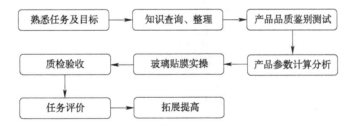

 知识准备

一、汽车防爆太阳膜知识

(一)汽车防爆太阳膜定义

汽车防爆太阳膜是指给汽车玻璃表面粘贴一层特殊保护层,当汽车与外界发生碰撞时可防止玻璃爆碎,以固定碎玻璃碴儿为主,保护车内乘员人身安全,同时能有效过滤、选择太阳光中的不同光线,起到防晒、隔热等作用的一种汽车用品(图16-1)。

图16-1　汽车防爆太阳膜

(二)汽车防爆太阳膜作用

查阅资料,总结汽车防爆太阳膜的作用,并写在表16-1中的对应位置。

汽车防爆太阳膜的作用　　　　　　　　表16-1

序号	作用	图示	描述
1	防爆		
2	隔热		
3	隔紫外线		
4	防眩光		
5	保护隐私		
6	节能		

续上表

序 号	作 用	图 示	描 述
7	装饰		

(三) 汽车防爆太阳膜结构

优质的汽车防爆太阳膜是由多层结构组成的,生产工艺极为复杂。目前,市面上的汽车防爆太阳膜品牌多达上百种,不同的膜结构也不尽相同。3M 汽车防爆太阳膜结构如图 16-2 所示。

图 16-2 3M 汽车防爆太阳膜结构

查阅资料,总结各结构层的作用及特点,并简要写在表 16-2 中。

汽车防爆太阳膜各层作用及特点　　　　表 16-2

层数	名 称	作用及特点
1	保护膜	
2	易施工胶膜层	
3	感压式粘胶层	
4	防紫外线层	
5	隔热层	
6	安全基层	
7	耐磨外层	

(四)汽车防爆太阳膜原理

1. 隔热防晒原理

通过真空喷镀或磁控溅射技术将铝、金、铜和银等金属制成多层致密的高隔热金属膜层。金属材料中的外壳层电子(自由电子)一般没有被原子核束缚,当被光波照射时,光波的电场使自由电子吸收了光的能量而产生与光相同频率的振荡,此振荡又放出与原来光线相同频率的光,称为光的反射。金属的导电系数越高,穿透深度越浅,反射率越高。

这些金属层会选择性地将太阳光中的各种热能源(包括红外线、紫外线及可见光热能)反射回去,再配合膜上的颜色对太阳光热辐射的吸收后,再二次向外释放,随着室外的空气流动带走一部分热量,从而有效地起到隔热防晒的作用,如图16-3所示。

2. 安全防爆原理

(1)充分利用粘胶层和金属镀层提高玻璃刚性,将冲击力在表面分解。金属镀层的延展性和强韧度可有效抵消和分解冲击,即使玻璃破碎,膜中金属材料会产生拉伸力与粘胶层的胶质共同作用牵拉住玻璃碎片,防止飞溅,有效保护人身及财产安全。

(2)通过膜独有的叠层间相互滑动的微位移,缓解穿过玻璃作用到安全膜的冲击力,形成独特的抗撞击性。据测算,安装优质防爆太阳膜后,汽车玻璃强度可提升5~7倍,并能有效地阻止因外力撞击所导致的破碎玻璃碴儿伤人,如图16-4所示。

图16-3 汽车防爆太阳膜隔热防晒原理

图16-4 汽车防爆太阳膜防爆效果图

(五)汽车防爆太阳膜种类

查阅资料,在表16-3中对应位置简要写出各类膜的特点。

汽车防爆太阳膜的种类及特点　　表16-3

名称	实　　物	特　　点
茶纸		
染色膜		

续上表

名称	实 物	特 点
夹层膜		
原色膜		
金属膜		

(六) 汽车防爆太阳膜性能评价参数

汽车防爆太阳膜性能评价参数是评价膜品质优劣的重要参考依据,见表16-4。

汽车防爆太阳膜性能评价参数　　　　　　　　表16-4

序号	参　数	描　述
1	隔热率	描述某款膜对太阳热量阻隔能力的大小
2	隔紫外线率	描述某款膜对太阳光中紫外线阻隔能力的大小
3	可见光穿透率	描述某款膜允许太阳光中可见光穿透进入车内的多少
4	内/外可见光反射率	描述某款膜对内部和外部光线到达膜面后反射度的强弱
5	力学强度	膜片粘贴在玻璃上后,能够承受的最大外力撞击

例:量子19型号汽车防爆太阳膜性能参数为,可见光穿透率-19%、内/外可见光反射率13%/14%、总太阳能阻隔率58%、太阳辐射阻隔率78%、力学性能2000kg/cm^2。

(七) 汽车防爆太阳膜品质鉴别方法

汽车防爆太阳膜品质鉴别方法可用"望、闻、问、切、测"五步法,具体见表16-5。

汽车防爆太阳膜品质鉴别方法　　　　　　　　表16-5

图　示	方　法	内　容
	望	清晰度、颜色深浅及均匀度,尤其是前风窗玻璃膜,绝对不能影响视线
	闻	撕开保护膜,越好的膜气味越淡,劣质膜有刺鼻的异味

续上表

图 示	方 法	内 容
	问	咨询产品品牌、参数、代理授权、售后质保等信息
	切	用手触摸，感知材质、厚度、韧度等，并用手抖动膜，金属膜有金属清脆的声音
	测	用太阳膜透过率测试仪、隔热测试台、能量测试仪、热量转动仪、验钞笔、防爆测试台架等工具和设备测试膜的各项参数及隔热防晒表现

通常可以借助以下仪器及设备测量汽车防爆太阳膜的各项参数及隔热防晒表现，如图16-5所示。

a) 太阳膜透过率测试仪

b) 隔热测试台

c) 能量测试仪

d) 热量转动仪

e) 验钞笔

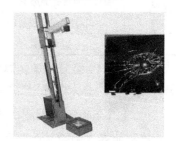

f) 防爆测试台架

图16-5 汽车防爆太阳膜测试设备

(八) 汽车防爆太阳膜品牌

市面上的汽车防爆太阳膜品牌多达几百种，常见的汽车防爆太阳膜品牌见表16-6。

常见汽车防爆太阳膜品牌　　　　　表16-6

序号	品牌标志	品牌名称	所属国家	主要型号	价　位
1	Letbon				

续上表

序号	品牌标志	品牌名称	所属国家	主要型号	价 位
2	3M				
3	V-KOOL				
4	Quantum				
5	Solar Gard				
6	Johnson Window Films				
7	LLumar				
8	北极光				
9	ATI 联邦				
10	U.MA				

二、汽车玻璃贴膜工具

查阅资料,将汽车玻璃贴膜工具的作用及操作方法简要写在表 16-7 中。

汽车玻璃贴膜工具 表 16-7

名 称	实 物	作 用	使 用 方 法
大毛巾			
小毛巾			
遮蔽纸			

续上表

名　称	实　物	作　用	使用方法
直尺			
裁膜刀			
烤枪			
喷壶			
软刮板			
硬刮板			
铁刮板			
安装液			
吸水纸			

三、汽车玻璃贴膜作业标准

汽车玻璃贴膜作业标准见表16-8。

汽车玻璃贴膜作业标准　　　　　　表16-8

工作步骤	图　示	工作内容
1. 工作准备		(1)按照7S管理标准进行现场准备； (2)检查并维护工具、设备
2. 接待客户		(1)主动上前,引导客户到预停区； (2)帮客户拉开车门,主动问好； (3)询问需求； (4)动作规范、语言清晰

续上表

工作步骤	图 示	工作内容
3.选膜配膜		(1)引导客户理性选择; (2)鼓励客户亲身体验; (3)确定膜品牌和型号
4.车况检查		完成全车玻璃、玻璃胶条、漆面、内饰部件、仪表信息以及相关电气设备的检查,并详细记录后请客户确认签字
5.清洗车辆		(1)将车辆移到洗车区; (2)按照洗车工艺标准清洗车辆
6.车辆防护		(1)用塑料遮蔽纸防护全车漆面、门护板; (2)用大毛巾防护发动机舱盖、行李舱盖、仪表板、后排座椅上方隔板; (3)用小毛巾防护车门门槛; (4)用室内三件套防护座椅、地板、转向盘
7.打板测量		1)侧窗样板制作 (1)按侧窗玻璃边框的尺寸和形状精确制作样板; (2)注意用刀角度、力度,防止刀片划伤胶条或玻璃 2)前、后风窗玻璃尺寸测量 (1)高度测量: 由于前后风窗玻璃存在着一定的弧度,测量高度时必须先从两个上角边界开始用直尺拉一条线,找出直尺在玻璃中间经过的位置,标记此点。然后量此点到玻璃最下端的距离,即为高度; (2)长度测量: 测量玻璃两侧最宽处的距离即为长度

续上表

工作步骤	图 示	工作内容
8.粗裁下料	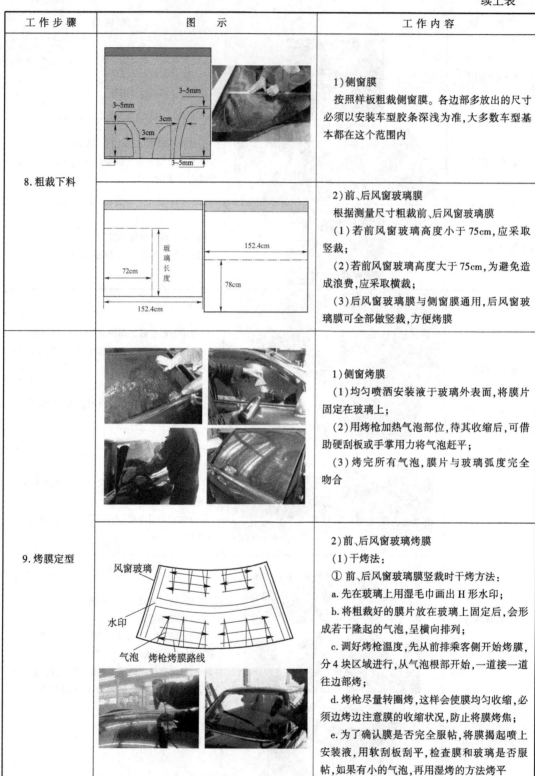	1)侧窗膜 按照样板粗裁侧窗膜。各边部多放出的尺寸必须以安装车型胶条深浅为准,大多数车型基本都在这个范围内 2)前、后风窗玻璃膜 根据测量尺寸粗裁前、后风窗玻璃膜 (1)若前风窗玻璃高度小于75cm,应采取竖裁; (2)若前风窗玻璃高度大于75cm,为避免造成浪费,应采取横裁; (3)后风窗玻璃膜与侧窗膜通用,后风窗玻璃膜可全部做竖裁,方便烤膜
9.烤膜定型		1)侧窗烤膜 (1)均匀喷洒安装液于玻璃外表面,将膜片固定在玻璃上; (2)用烤枪加热气泡部位,待其收缩后,可借助硬刮板或手掌用力将气泡赶平; (3)烤完所有气泡,膜片与玻璃弧度完全吻合 2)前、后风窗玻璃烤膜 (1)干烤法: ① 前、后风窗玻璃膜竖裁时干烤方法: a.先在玻璃上用湿毛巾画出H形水印; b.将粗裁好的膜片放在玻璃上固定后,会形成若干隆起的气泡,呈横向排列; c.调好烤枪温度,先从前排乘客侧开始烤膜,分4块区域进行,从气泡根部开始,一道接一道往边部烤; d.烤枪尽量转圈烤,这样会使膜均匀收缩,必须边烤边注意膜的收缩状况,防止将膜烤焦; e.为了确认膜是否完全服帖,将膜揭起喷上安装液,用软刮板刮平,检查膜和玻璃是否服帖,如果有小的气泡,再用湿烤的方法烤平

续上表

工作步骤	图　示	工作内容
9.烤膜定型		②前风窗玻璃膜横裁时干烤方法： a.前风窗玻璃膜横裁时，由于膜的收缩方向只有一个方向且不变，此时气泡应该竖向排列，故固定膜片的水印呈工形； b.调好烤枪温度，先从前排乘客一侧开始烤膜，分2块区域进行，从气泡根部开始，一道接一道往边部烤； c.其他方法与竖裁时烤膜方法一致
		（2）湿烤法： ①湿烤操作方法： a.将安装液喷洒于玻璃外表面； b.把粗裁好的膜放于玻璃上； c.加热气泡，气泡缩后用硬刮板刮平。 ②湿烤法优点：膜受热快，可一次成型。 ③湿烤法缺点： a.玻璃温度较高，容易造成玻璃破裂； b.膜片收缩范围较小，且收缩不均匀，施工难度大； c.刮气泡时容易产生折痕
		（3）拉伸烤法： 适用于前风窗玻璃膜横裁时的烤法，分干拉烤法和湿拉烤法两种。 ①用湿毛巾在玻璃中部画一道竖向水印； ②将粗裁好的膜铺在玻璃表面，左右各多留5～8cm； ③烤膜时，用手将膜边提起，用力向下拉紧，烤枪均匀旋转，由上至下，边烤边观察膜收缩的程度； ④烤完后，裁去两边余料，加热边部直到定型到位
		（4）内灌风烤法： ①玻璃清洗干净后，均匀地喷洒安装液于玻璃外表面； ②将粗裁好的膜铺在玻璃表面，用硬刮板定位，并将泡分均匀； ③将烤枪热风从气泡口处吹入，待气泡充分收缩后，用硬刮板快速将气泡刮平。 注意：内灌风烤法不适用于横裁膜

续上表

工作步骤	图　示	工作内容
10. 精细裁切		1）侧窗膜细裁 （1）将膜片与玻璃完全对正，左右两边应预留一样多，下边预留1~2cm； （2）用裁膜刀紧贴玻璃上端将多余的膜割掉。注意刀片快要到边框胶条时，应停止后拿下膜片，模仿拐角形状单独裁割，防止割坏胶条 2）前、后风窗玻璃膜细裁 刀片与玻璃之间的角度小于15°，利用刀刃自身的切割力进行细裁（一旦刀片穿透膜片，只需拖动刀片切割剩余部分，不需向下用力），防止划伤玻璃 注意：前、后风窗玻璃膜细裁时以边部能覆盖完玻璃边部陶瓷点为准，防止过小导致漏光、不美观；另外，边部要平滑美观
11. 清洗玻璃		1）前风窗玻璃清洗 （1）检查仪表台是否防护到位（防止电子设备进水，并避免工具划伤仪表台）； （2）拆掉内后视镜； （3）撕除玻璃上的标志（用刀片将残留的粘胶刮除干净）； （4）均匀喷洒安装液于玻璃表面，先用硬刮板刮一遍水，若感觉有顽固污垢，及时用刀片刮干净； （5）均匀喷洒安装液于玻璃表面，用软刮板刮水2~3遍（刮水路线为：从顶部开始、从一端到另一端、一道压一道） 2）后风窗玻璃清洗 后风窗玻璃的清洗方法与前风窗玻璃基本相同。 注意：若后风窗玻璃上有残留粘胶，不能用刀片除胶，这样做会损坏除雾线。应喷洒柏油清洗剂后用包裹毛巾的硬刮板用力擦拭除胶 3）侧窗玻璃清洗 （1）将车窗玻璃降下，利用干净的半湿毛巾（或吸水纸）擦干净玻璃上边缘； （2）用干净的半湿毛巾包住硬刮板，塞入玻璃胶条缝内，擦干净缝隙内部； （3）用喷壶向两侧胶条缝内喷水（由上往下喷洒安装液），将沙尘颗粒冲走，剩余清洗方法同前、后风窗玻璃的一样

续上表

工作步骤	图 示	工作内容
12.撕膜上膜		1)前、后风窗玻璃撕膜上膜方法 (1)撕膜。 ①外部撕膜法： 待膜加热定型好后，从一侧上端边角处搓开保护膜，将保护膜拉起，均匀喷洒安装液，喷完后将保护膜放回膜面合拢，用同样的方法完成另一侧。最后将膜卷起来带入车内进行上膜操作。 ②内部撕膜法： 待膜加热定型好后，直接卷起来带入车内，一边打开膜一边去除保护膜，膜面均匀喷洒安装液后进行上膜操作。 (2)上膜。 ①防止膜面碰到玻璃边框（如 A 柱、顶棚、防护毛巾）部位； ②先将膜下端放入玻璃下部，基本到位后，再慢慢将膜的上端逐渐与玻璃合拢，整个过程防止弄皱膜； ③三厢车后风窗玻璃上膜方法与前风窗玻璃相同，两厢车后风窗玻璃上膜操作更为简单，打开尾门即可轻易上膜
		2)侧窗撕膜上膜方法 (1)撕膜。 用牙齿或手指搓开膜角处的保护膜，将保护膜拉起后，膜面均匀喷洒安装液。 (2)上膜。 先将膜片下端塞入车门内切水条缝内，再将膜片上端与玻璃合拢，最后将膜片定位到正确的位置，注意防止定位不当导致两侧漏光

续上表

工作步骤	图示	工作内容
13. 固定赶水		1）固定 均匀喷洒安装液于膜面，用一只手按住膜面，防止膜走位，另一只手用软刮板赶走膜内大部分水分进行固定 2）赶水 将撕下的保护膜对正放在膜面上，用硬刮板将保护膜刮平，然后用力赶水； 赶水的原则是：从中间向边部赶水，后一刮板压前一刮板至少1/3，不可遗漏
14. 检查处理	 	检查所贴窗膜有无缺陷，若有，应及时处理。 (1) 常见缺陷：气泡、尘点、漏光、折痕、划痕、水痕 (2) 处理方法：用烤枪、铁刮板、硬刮板配合进行处理，常用的处理方法有加热挤压、用力刮平等。但对于严重漏光、大面积集中尘点和明显划痕等缺陷，需要重新贴膜
15. 清洁整理		(1) 清洁车辆（去除防护，带离工具，清洁车辆，确保玻璃、漆面、室内干净）； (2) 整理工具（检查后放回原处）； (3) 清洁车间（全面清洁车间卫生）
16. 质检验收		将车辆移到交车区，交由质检部门/人员验收
17. 交车告知		(1) 交车流程：陪同客户查看贴膜效果→告知客户使用注意事项→带领客户办理财务手续→送离客户； (2) 告知事项： ①48h 内不要升降车窗； ②15 天内不要开启后风窗玻璃除雾电热丝； ③15 天内，请勿将带有吸盘式物品吸附在膜上； ④年检标志等使用静电转移贴； ⑤避免硬物接触膜面造成划痕； ⑥用柔软的超细纤维毛巾清洁膜面； ⑦如遇到膜边缘起泡，应在24h 内回到施工点处理； ⑧如果是在粘贴金属膜，需在一周后回店进行膜边封胶处理

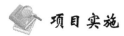

任务1　汽车防爆太阳膜产品认知

1. 热传递方式认知

热传递方式有辐射、对流和传导三种,认真观察下面的图片,如图 16-6 所示,在对应位置写出热传递方式。

a)＿＿＿＿　　b)＿＿＿＿　　c)＿＿＿＿

图 16-6　三种热传递方式示意图

汽车防爆太阳膜主要解决的是＿＿＿＿传递而来的热量。

2. 汽车防爆太阳膜隔热率计算

(1)太阳光主要由红外线、可见光和紫外线三部分组成,其中红外线占比＿＿＿＿％、可见光占比＿＿＿＿％、紫外线占比＿＿＿＿％。

(2)红外线、可见光和紫外线三部分都会产生热量,因此一款膜的隔热率由这三部分共同来决定。

(3)"某款膜的红外线阻隔率为90%,那么这款膜的隔热率达到了90%"该说法是否正确。(　　)

(4)简要描述汽车防爆太阳膜的红外线阻隔率、总太阳能阻隔率和隔热率三者之间的关系。

_____
_____
_____

(5)计算蓝宝 BNC88 汽车防爆太阳膜的隔热率,并写在表 16-9 内相应位置。

蓝宝 BNC88 膜性能参数　　　　　　　　　　　　　表 16-9

型号	可见光穿透率	红外线阻隔率	紫外线阻隔率	隔热率
BNC88	78%	84%	99%	

计算过程:

_____
_____
_____

3. 汽车防爆太阳膜结构认知

查询威固膜的结构,在图 16-7 中写出各层名称。

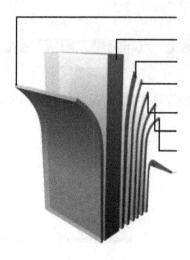

图 16-7　威固膜结构

4. 汽车防爆太阳膜种类判断

根据图 16-8 所示内容判断膜的种类(细实线为可见光、虚线为红外线、点画线为紫外线)。

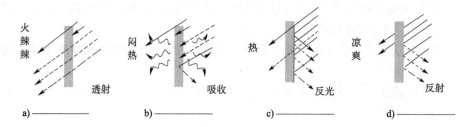

图 16-8　汽车防爆太阳膜种类

对比图 16-8a)与图 16-8b):图_____的膜对红外线犹如镜子反射光线一样,如图 16-9 所示。

图_____的膜对红外线犹如海绵吸水一样,水满则溢。热量饱和后,红外线会源源不断进入车内,同时膜会成为新的辐射源,热量进行二次辐射,如图 16-10 所示。

图 16-9　采用反射方式进行隔热　　图 16-10　采用吸收方式进行隔热

因此,比较有效的隔热方式应该是图_____。

5. 汽车车窗玻璃认知

汽车有多块玻璃,根据玻璃位置的不同可选用不同颜色的膜,查阅资料,在图 16-11 中标注出各块玻璃的名称和建议选用的颜色(写"深色"或"浅色")。

图 16-11　汽车车窗名称及膜颜色选择

6. 威固系列产品认知

威固品牌旗下系列产品如图 16-12 所示。

图 16-12　威固膜产品系列

查阅威固系列产品资料,在表 16-10 中写出各型号产品的性能参数。

威固系列产品性能参数　　　　　　　　　　　表 16-10

型号	可见光穿透率(%)	红外线阻隔率(%)	紫外线阻隔率(%)	隔热率(%)	颜色	适用车窗
V70						
A60						
V40						
X15						
G05						
H20						
K37						
K28						
K14						

任务 2　汽车防爆太阳膜品质鉴别

某客户进店选防爆太阳膜,销售人员推荐了一款隔热率达到了 80%、清晰度(可见光穿透率)超过 70% 的前风窗玻璃膜,如果你是客户,你想对该防爆太阳膜进行更深入的了解,打算如何进行?

1. 查看产品说明书

经查询,该风窗玻璃膜的性能参数见表 16-11。

某型号膜性能参数　　　　　　　　　　　表 16-11

可见光穿透率	红外线阻隔率	紫外线阻隔率
71%	82%	99%

对参数进行计算后,发现该风窗玻璃膜隔热率为_____%,与销售人员所说的 80% 相差_____%,仅看参数,可初步判断该膜的性能("好""坏"或"一般")。

2. 品质鉴别

实施"望、闻、问、切、测"五步诊断术,见表 16-12。

某型号膜品质鉴别记录　　　　　　　　　表 16-12

序号	方法	结　　果
1	望	结果:
2	闻	结果:
3	问	结果:
4	切	结果:
5	测	1) 验钞笔测试 操作方法: 测试结果: 2) 太阳膜透过率测量仪测试 操作方法: 测试结果: 3) 隔热台测试 操作方法: 测试结果: 4) 热能转动仪测试 操作方法: 测试结果: 5) 力学性能测试 操作方法: 测试结果:

3. 综合评价

该膜的品质:

任务 3　汽车玻璃贴膜实训

认真阅读作业标准,实训前完善需要准备的相关内容(个人或小组讨论后填写)。"得分"和"不足"两栏用于实训过程中的自评、互评或教师评价,"改进建议"栏中可简要写出教师的建议或自己的反思内容。

1. 工作准备

工作准备见表16-13。

工作准备　　　　　　　　　　　　　　　表16-13

工作准备内容	标　准	分值	得分	不　足
	场地/车间清洁	0.5		
	检查维护设备、工具,并摆放到位	0.5		
	准备好需要用到的工具	0.5		
改进建议:				

2. 客户接待

客户接待见表16-14。

客户接待　　　　　　　　　　　　　　　表16-14

接待流程	运用话术	标　准	分值	得分	不　足
		接待流程正确	1		
		话术运用正确	1.5		
		礼仪规范	1		
		语言清晰	0.5		
改进建议:					

3. 选膜配膜

选膜配膜见表16-15。

选膜配膜　　　　　　　　　　　　　　　表16-15

引导/推荐方法	运用话术	标　准	分值	得分	不　足
		产品知识熟悉	0.5		
		正确运用体验式销售	1		
		有较强引导/推荐能力	1		
		礼仪规范	1		
		有较强表达能力	0.5		
		能正确处理常见异议	1		
改进建议:					

4. 车况检查

车况检查见表16-16。

车况检查　　　　　　　　　　　　　　　　　　　表16-16

检查顺序及内容	运用话术	标准	分值	得分	不足
		检查顺序、内容正确	1		
		话术正确、礼仪规范	1.5		
		完整记录问题部位	0.5		
		表格填写完整、正确	0.5		
		客户签字确认	0.5		
改进建议：					

5. 清洗车辆

清洗车辆见表16-17。

清洗车辆　　　　　　　　　　　　　　　　　　　表16-17

清洗流程	标准	分值	得分	不足
	清洗流程正确、动作规范	1		
	正确选用工具、设备	1		
	快速配合完成清洗任务	0.5		
	工具、设备及时归位	0.5		
改进建议：				

6. 车辆防护

车辆防护见表16-18。

车辆防护　　　　　　　　　　　　　　　　　　　表16-18

防护部位	标准	分值	得分	不足
	正确选择防护用品	0.5		
	不遗漏	0.5		
	有效防护	1		
改进建议：				

7. 打板测量

打板测量见表16-19。

打板测量　　　　　　　　　　　　　表16-19

打板方法	测量结果	标　准	分值	得分	不　足
	前风窗玻璃：	打板方法正确、样板合理	1		
	后风窗玻璃：	正确、安全使用裁膜刀	1		
		尺寸测量方法正确、结果合理	1		
改进建议：					

8. 粗裁下料

粗裁下料见表16-20。

粗裁下料　　　　　　　　　　　　　表16-20

粗裁下料	标　准	分值	得分	不　足
侧窗预留尺寸： 上、下、前、后：	侧窗预留尺寸合理	1		
裁膜方向： 左前窗　横裁□　竖裁□ 右前窗　横裁□　竖裁□ 左后窗　横裁□　竖裁□ 右后窗　横裁□　竖裁□	裁膜动作规范、方法正确	2		
前风窗玻璃　横裁□　竖裁□ 后风窗玻璃　横裁□　竖裁□	前风窗玻璃尺寸合理、横裁/竖裁选择合理，后风窗玻璃尺寸合理	2		
	有节约意识，不浪费	1		
改进建议：				

9. 烤膜定型

烤膜定型见表16-21。

烤膜定型　　　　　　　　　　　　　表16-21

车窗	烤膜方法	标　准	分值	得分	不　足
侧窗		根据裁膜方向正确判断烤膜方向	1		
		烤膜方法正确、动作规范	1		
		正确、安全使用烤枪	1		
		定型到位，未出现烤焦/折现象	1		

续上表

车窗	烤膜方法	标准	分值	得分	不足
后风窗玻璃		在玻璃外侧进行正确的固定	1		
		二次粗裁方法正确	0.5		
		正确、安全操作烤枪和裁膜刀	2		
		烤膜路线、距离、时间合理	2		
		定型到位,未出现烤焦/折现象	1		
前风窗玻璃		根据裁膜方向正确判断烤膜方向	1		
		在玻璃外侧进行正确的固定	1		
		二次粗裁方法正确	0.5		
		正确、安全操作烤枪和裁膜刀	2		
		烤膜路线、距离、时间、顺序合理	2		
		定型到位,未出现烤焦/折现象	1		
改进建议:					

10. 精细裁切

精细裁切见表16-22。

精细裁切 表16-22

车窗	细裁方法	标准	分值	得分	不足
侧窗		膜片位置放置正确	0.5		
		正确降下合适高度的玻璃	0.5		
		正确、安全使用裁膜刀细裁	1		
		细裁部位美观,与玻璃上缘弧度一致	0.5		
前、后风窗玻璃		正确、安全使用裁膜刀	2		
		细裁部位美观、光滑	1		
		细裁后的膜大小合理	1		
		玻璃上无新增划痕	1		
		正确处理裁掉的余料	0.5		
改进建议:					

11. 清洗玻璃

清洗玻璃见表16-23。

清 洗 玻 璃 表16-23

车窗	流程、方法	标　准	分值	得分	不　足
侧窗		清洗流程正确	0.5		
		清洗方法正确、动作规范	1		
		正确、安全操作工具	1		
		严格控制用水量，微水贴膜	1.5		
		玻璃清洁干净	0.5		
前、后风窗玻璃		清洗流程正确	0.5		
		清洗方法正确、动作规范	1		
		正确、安全操作工具	1		
		严格控制用水量，微水贴膜	1.5		
		玻璃清洁干净	0.5		
改进建议：					

12. 撕膜上膜

撕膜上膜见表16-24。

撕 膜 上 膜 表16-24

车窗	方法	标　准	分值	得分	不　足
侧窗		撕膜前进行除尘操作	0.5		
		撕膜方法正确、动作规范	2		
		快速、正确、规范上膜	3		
		未出现损坏膜、膜片碰触其他部位	1		
前、后风窗玻璃		撕膜前进行除尘操作	0.5		
		撕膜、卷膜方法正确、动作规范	2		
		快速、正确、规范上膜	3		
		未出现损坏膜、膜片碰触其他部位	1		
改进建议：					

13. 固定赶水

固定赶水见表16-25。

固定赶水 表16-25

车窗	方法	标准	分值	得分	不足
侧窗		选用正确的工具进行正确固定	0.5		
		固定时膜片未移位	0.5		
		正确给膜面上覆保护膜并刮平	0.5		
		选用正确的工具进行正确的赶水	0.5		
		赶水路线、方向、力度合理	1.5		
		赶水效果良好	1		
前、后风窗玻璃		选用正确的工具进行正确固定	0.5		
		固定时膜片未移位	0.5		
		正确给膜面上覆保护膜并刮平	0.5		
		选用正确的工具进行正确的赶水	0.5		
		赶水路线、方向、力度合理	1.5		
		赶水效果良好	1		
改进建议：					

14. 检查处理

检查处理见表16-26。

检查处理 表16-26

缺陷	处理方法	标准	分值	得分	不足
		进行全方位细致检查	0.5		
		若有缺陷，能找出并记录名称	0.5		
		能给出缺陷处理方法	0.5		
		能正确选用工具处理不同的缺陷	1.5		
		处理后能达到验收标准	1		
改进建议：					

15. 清洁整理

清洁整理见表16-27。

清 洁 整 理　　　　　　　　表 16-27

清洁整理内容	标　准	分值	得分	不　足
	去除防护,带离工具,清洁玻璃、漆面、室内	1		
	清除车间/场地地面水、杂物	1		
	工具复位、置放整齐有序	1		
改进建议:				

16. 质检验收

质检验收见表 16-28。

质 检 验 收　　　　　　　　表 16-28

验收流程、顺序	标　准	分值	得分	不　足
	验收流程、顺序正确	0.5		
	严格按照验收标准进行验收	1		
	达到验收标准	2		
改进建议:				

汽车防爆太阳膜安装验收标准如下：

(1) 材料正确。

(2) 前风窗玻璃折痕不超过 1 个(包含 1 个),长度不超过 2cm,位置一般在边、角部(离边不超过 10cm)。中间位置都不允许有折痕。

(3) 后风窗玻璃折痕不超过 1 个(包含 1 个),长度不超过 2cm,位置一般在边、角部(离边不超过 15cm)。中间位置都不允许有折痕。

(4) 贴前、后风窗玻璃膜时,膜离窗边玻璃黑点的最大距离不超过 2mm。

(5) 侧面折痕不超过 1 个(包含 1 个),长度不超过 2cm,位置一般在边、角部(离边不超过 2cm)。中间位置都不允许有折痕。

(6) 侧窗上端膜裁切平直,升到顶部不能漏光、侧窗玻璃两侧不能漏光(膜在胶条以外,有光线透过为漏光)。副窗玻璃边缘允许漏光,但最大距离不超过 1mm。

(7) 所有贴膜后的玻璃不能有水泡。

(8) 所有玻璃不能有严重的影响视线的水痕。

(9) 贴膜处玻璃不能有新划伤。

(10) 车窗贴膜处胶条不能有新划伤。

(11) 离车 1m 距离查看,在玻璃贴膜后 $10cm^2$ 内尘点数不能超过 10 个。

17. 交车告知

交车告知见表 16-29。

交 车 告 知　　　　　　　　　　　　　　　表 16-29

交车流程	告知事项	标　　准	分值	得分	不　　足
		交车流程正确	1		
		交车礼仪规范	1		
		清楚告知相关事项	2		
改进建议：					

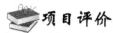 项目评价

学习结束后，需要及时对学习效果进行评价，为体现评价结果的有效性，评价采用自评、互评和教师评相结合的方式，具体评价内容见表 16-30。

项目十六评价表　　　　　　　　　　　　　　　表 16-30

能力	评价内容	分　值	自　评	互　评	教师评
专业、方法能力（60分）	1. 知识准备充分	10			
	2. 会从不同渠道查阅资料、并能进行信息加工处理	7			
	3. 会用设备和人工检测产品品质	8			
	4. 有较强的计算和画图能力	7			
	5. 能正确选用、维护工具、设备	8			
	6. 能完成简单车型的全车玻璃贴膜工作	20			
综合能力（40分）	7. 有良好的团队分工及协作表现	5			
	8. 有良好的语言表达及沟通能力	5			
	9. 纪律表现良好	5			
	10. 工作过程中有相应的调整、变化能力	5			
	11. 有良好的安全意识	8			
	12. 有严谨、细致的工作作风	5			
	13. 有良好的节约意识	7			
合计		100			
总评					
评语	自评： 　　　　　　　　　　　　　　　　　　　　　　签字： 互评： 　　　　　　　　　　　　　　　　　　　　　　签字： 教师评： 　　　　　　　　　　　　　　　　　　　　　　签字：				

项目拓展

一、劣质膜的危害

劣质膜对人体的危害非常大,如图16-13所示。

图16-13 劣质膜的危害

查阅资料,思考并总结劣质膜的危害。

_____

_____

_____

二、全车玻璃贴膜实训

两人配合进行全车玻璃贴膜的路线如图16-14所示。

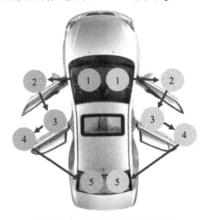

图16-14 两人配合贴膜路线图

两人组合成一组,按照汽车玻璃贴膜作业标准和两人配合贴膜路线进行全车贴膜实训,如果遇到问题,将问题记录在表16-31中,并进行思考,或找同学、老师请教,写出解决方法。在下次任务实施中重点予以解决。

全车玻璃贴膜过程记录表 表 16-31

序号	工作步骤	问题描述	解决方法	实施时是否已解决
1				
2				
3				
4				
5				
6				
7				
8				
9				
10				
11				
12				
13				
14				
15				
16				
17				

项目十七 汽车发动机护板安装

项目描述

情形1：使用几年后的汽车，举升后看到发动机底部锈迹斑斑，脏污覆盖、腐蚀严重。

情形2：砂石、泥水、雨雪、灰尘飞溅，侵蚀发动机，日积月累造成发动机底部腐蚀。

情形3：道路凹凸不平，砂石飞溅撞击、发动机触底擦碰，造成发动机擦伤，严重时会损坏油底壳，发动机不能正常工作。

发动机是汽车最重要、最脆弱、最昂贵的部分，而且损伤多来自路面。因此，对发动机底部实施保护措施是非常有必要的。

学习目标

1. 能够说出发动机护板的作用和种类；
2. 能够分析对比不同材质护板的优缺点；
3. 能够正确、安全操作举升机；
4. 能够正确、规范安装护板；
5. 能够形成安全、严谨的工作习惯。

建议学时

20学时。

学习引导

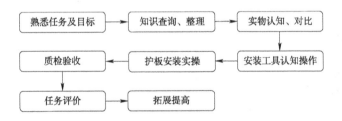

 知识准备

一、汽车发动机护板知识

（一）汽车发动机护板定义

汽车发动机护板是指根据各种不同车型量身设计的发动机防护装置，避免使用过程中多种外界因素对发动机造成损伤及损坏,如图 17-1 所示。

图 17-1　汽车发动机护板

(二)汽车发动机护板作用

(1)防止泥土包裹发动机,导致发动机散热不良。
(2)防止行驶过程卷起的砂石等硬物敲击发动机。
(3)防止凹凸不平的路面及硬物对发动机的刮碰、损伤。
(4)防止沥青、雨雪、泥土等腐蚀发动机。
(5)能有效降低高速时的风阻,隔断部分风噪、胎噪,行驶更加安静平稳。

(三)汽车发动机护板结构

汽车发动机护板种类较多,常见结构如图 17-2 所示。

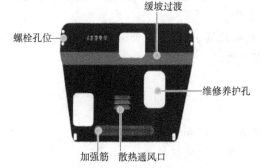

图 17-2　汽车发动机护板结构

(四)汽车发动机护板种类

查阅资料,总结不同材质发动机护板的特点,并简要写在表 17-1 中。

汽车发动机护板种类及特点　　　　　表 17-1

图　　示	种　　类	特　　点
	塑料、树脂护板	
	钢质、锰合金护板	
	塑钢护板	
	铝合金护板	
	钛合金、镁合金护板	

(五)汽车发动机护板的选择

查阅资料,思考并总结汽车发动机护板的选择方法。

(1)功能上:_____

_____

(2)材质上:_____

_____

(3)设计上:_____

_____

(4)重量上:_____

_____

(5)价格上:_____

_____

二、汽车发动机护板安装作业标准

汽车发动机护板安装作业标准见表17-2。

汽车发动机护板安装作业标准 表17-2

工作步骤	图 示	工作内容	工具、产品
1.工作准备		(1)准备场地、安装工具; (2)检查举升机; (3)选择安装车型专用护板,打开包装,检查配件(固定螺栓、安装支架等)是否齐全	举升机; 汽车发动机护板
2.举升汽车		(1)将车辆开到举升位置,拉好驻车制动器手柄; (2)将举升臂支在车辆下方正确位置,并进行仔细检查; (3)确认无误后,观察周围是否有人,按上升按钮,将汽车升至需要的高度; (4)按动下降按钮,使挂钩均可靠地支承在挂板上,此时方可进入汽车下方	举升机
3.拆卸原车塑料护板		(1)观察原车护板固定位置和方法,正确选用工具拆卸; (2)拿下原车护板、妥善放置保管	套装工具

续上表

工作步骤	图　示	工作内容	工具、产品
4.找安装孔		观察发动机底部,找出车架上预留的安装孔	—
5.安装专用螺栓		(1)将专用螺栓头部放入安装孔内; (2)安装垫圈,拧上螺栓,固定螺母并拧紧; (3)固定好四个专用螺栓	护板配件; 套装工具
6.安装护板		(1)将护板的螺纹孔对正套入专用螺栓内; (2)注意安装标记,不要将护板装反	—
7.固定护板		套入预紧垫圈→套入大垫圈→套入预紧垫圈→拧上螺母并用工具拧紧	护板配件; 套装工具
8.检查		认真检查每一个专用螺栓和护板固定螺母是否紧固,并且无松动	—
9.质检验收		由质检部门/人员进行安装检查并签字	质检验收表

项目十七　汽车发动机护板安装

续上表

工作步骤	图示	工作内容	工具、产品
10.交车告知		(1)向客户移交车辆; (2)告知客户:检修孔位置,检修盖打开方式;售后质保政策	交车单

 项目实施

任务1　汽车发动机护板认知

以下是两种不同材质、不同功能设计的发动机护板,如图17-3所示,观察图片和护板实物,仔细对比,写出箭头指示部位的名称。

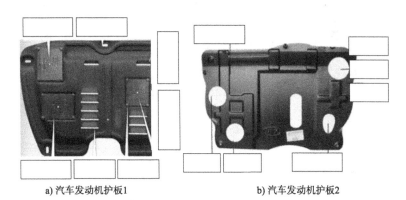

a) 汽车发动机护板1　　　　　　b) 汽车发动机护板2

图17-3　汽车发动机护板实物

认真对比以上两种发动机护板,思考并总结其功能及优缺点,并简要写在表17-3中。

汽车发动机护板对比分析　　　　　　　　　　　　　　　表17-3

护板	材质	功　　能	优　　点	缺　　点
1				
2				

任务2　汽车发动机护板安装工具认知

查阅资料,写出表17-4所示工具的名称、作用及常见规格。

汽车发动机护板安装工具　　　　　　　　　　　　　　　表17-4

序号	工　具	名称	常用规格	作　用
1				

续上表

序号	工　具	名称	常用规格	作　用
2				
3				
4				
5				
6				
7				
8				
9				
10				
11				
12				
13				
14				
15				

认真观察套装工具实物,同时查阅资料,在下方横线上写出各工具的名称,如图 17-4 所示。

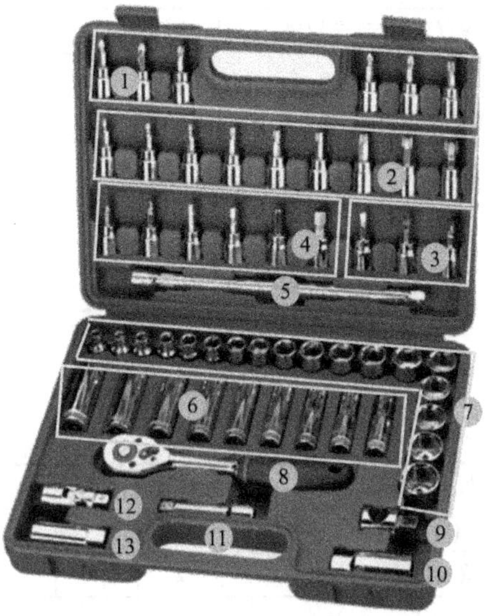

1. _____
2. _____
3. _____
4. _____
5. _____
6. _____
7. _____
8. _____
9. _____
10. _____
11. _____
12. _____
13. _____

图 17-4 套装工具

任务3 发动机护板安装实训

认真阅读作业标准,实训前完善需要准备的相关内容(个人或小组讨论后填写)。"得分"和"不足"两栏用于实训过程中的自评、互评或教师评价,"改进建议"栏中可简要写出教师的建议或自己的反思内容。

1. 工作准备

工作准备见表 17-5。

工作准备　　　　　　　　　　表 17-5

计　划	标　准	分值	得分	不　足
	场地/车间清洁	2		
	目视检查举升机,并空载试操作	10		
	准备好需要用到的工具	2		
	准备好护板及配件,检查是否齐全	2		
改进建议:				

2. 举升汽车

举升汽车见表 17-6。

举 升 汽 车   表 17-6

计 划	标 准	分值	得分	不 足
	拉起驻车制动器手柄	5		
	举升臂支撑点正确,支撑稳固	10		
	进行检查确认	5		
	正确举升汽车到需要高度,锁好保险	10		
改进建议:				

3. 拆卸原车塑料护板

拆卸原车塑料护板见表 17-7。

拆卸原车塑料护板   表 17-7

计 划	标 准	分值	得分	不 足
	正确选用工具	2		
	妥善放置	2		
改进建议:				

4. 找安装孔

找安装孔见表 17-8。

找 安 装 孔   表 17-8

计 划	标 准	分值	得分	不 足
	正确找到原车预留的护板安装孔	2		
改进建议:				

5. 安装专用螺栓

安装专用螺栓见表 17-9。

安 装 专 用 螺 栓   表 17-9

计 划	标 准	分值	得分	不 足
	正确将专用螺栓放入安装孔内	2		
	按照顺序正确安装垫圈和螺母,并进行固定	5		
改进建议:				

6. 安装护板

安装护板见表17-10。

安装护板 表17-10

计 划	标 准	分值	得分	不 足
	两人配合将护板螺纹孔套入已固定好的螺栓内	2		
	护板方向正确	4		
改进建议：				

7. 固定护板

固定护板见表17-11。

固 定 护 板 表17-11

计 划	标 准	分值	得分	不 足
	按正确的顺序安装预紧垫圈、大垫圈、螺母	10		
	用正确的力矩紧固螺母	10		
改进建议：				

8. 检查

检查见表17-12。

检 查 表17-12

计 划	标 准	分值	得分	不 足
	认真检查每一颗固定螺栓，确保紧固无松动	5		
改进建议：				

9. 质检交车

质检交车见表17-13。

质 检 交 车 表17-13

计 划	标 准	分值	得分	不 足
	按照质检标准进行质检，并签字	5		
	正确告知客户相关事项	2		
	表达清晰、礼仪规范、话术正确	3		
改进建议：				

项目评价

学习结束后,需要及时对学习效果进行评价,为体现评价结果的有效性,评价采用自评、互评和教师评相结合的方式,具体评价内容见表17-14。

项目十七评价表　　　　　　　　　　表17-14

能力	评价内容	分值	自评	互评	教师评
专业、方法能力（60分）	1. 知识准备充分	5			
	2. 会从不同渠道查阅资料、进行有效总结	10			
	3. 能独立思考和总结	10			
	4. 正确分析解读发动机护板的功能设计	5			
	5. 正确识别工具名称、规格和作用	10			
	6. 正确完成发动机护板的安装	20			
综合能力（40分）	7. 有良好的团队分工及协作表现	5			
	8. 有良好的语言表达及沟通能力	5			
	9. 纪律表现良好	5			
	10. 工作过程中有相应的调整、变化能力	5			
	11. 有良好的安全意识	10			
	12. 有严谨、细致、负责的工作作风	10			
合计		100			
总评					
评语	自评： 　　　　　　　　　　　　　　　　　　　　　　　　　　签字： 互评： 　　　　　　　　　　　　　　　　　　　　　　　　　　签字： 教师评： 　　　　　　　　　　　　　　　　　　　　　　　　　　签字：				

项目拓展

发动机下沉技术

1. 什么是发动机下沉技术

查阅资料,总结并写出什么是发动机下沉技术,如图17-5所示。

a) 汽车碰撞示意图　　　　　　b) 汽车发动机下沉示意图

图17-5　汽车发动机下沉技术

2. 发动机护板对下沉的影响分析

查阅资料,总结并分析安装发动机护板是否会对发动机下沉有影响,简要写在表 17-15 中。

发动机护板对下沉的影响分析　　　　　　　　　　　表 17-15

有　影　响	无　影　响
理由:	理由:
如果安装护板,应如何选择?	

项目十八　汽车地胶、脚垫安装

项目描述

汽车地毯是汽车内饰组成必不可少的部件之一,不但起到遮盖车厢底部钣金、线束的作用,还具有隔热、吸音、防潮、舒适、装饰等功能。但是由于地毯使用频率高、长期踩在脚下,会造成地毯面层磨损、污染、滋生细菌,且难以清洁整理,影响内饰的美观和乘员的健康。因此,车主买车后一般都会选择铺地胶或装脚垫来保护原车地毯。汽车地胶、脚垫种类多、材质多样,加之地胶安装过程复杂,深入了解汽车地胶和脚垫的产品知识、掌握地胶和脚垫安装方法,才能为客户提供优质高效的服务。

学习目标

1. 能够说出地胶/脚垫的作用和种类;
2. 能够列举不同类型地胶/脚垫的优缺点;
3. 能够正确拆装汽车座椅、内饰护板;
4. 能够独立完成地胶的安装;
5. 能够形成安全、严谨、负责的工作习惯。

建议学时

20 学时。

学习引导

 知识准备

一、汽车地胶、脚垫知识

(一)汽车地胶、脚垫定义

汽车地胶、脚垫都是根据各种不同车型量身设计的地毯防护用品,可避免使用过程中对地毯的损坏,如图 18-1 所示。观察图片,区分地胶和脚垫,并在图片下方横线上写出对应名称。

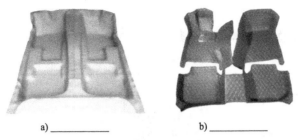

a) ＿＿＿＿＿＿　　　　b) ＿＿＿＿＿＿

图 18-1　汽车地胶、脚垫实物

(二) 汽车地胶、脚垫作用

汽车地胶、脚垫的作用见表 18-1。

汽车地胶、脚垫作用　　　　表 18-1

序　号	作　用	图　示	描　述
1	防磨损		
2	防潮湿		
3	防灰尘		
4	防油污		
5	隔热		
6	隔冷		
7	隔音		

(三)汽车地胶、脚垫种类

1. 汽车地胶种类

查阅资料,思考并总结表18-2中各类地胶的特点,并简要写在表格中对应位置。

汽车地胶种类及特点　　　　　　　表18-2

分类方式	种类	图示	特点
按结构分	手缝(分体)地胶	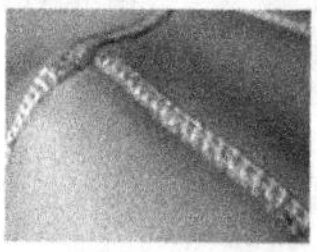	
	成型(整体)地胶		
按颜色分	米色		
	灰色		
	黑色		
按材质分	PVC/PU+隔音棉		
	PVC/PU+发泡海绵		
	皮革+隔音棉		

2. 汽车脚垫种类

查阅资料,思考并总结表18-3中各类地胶的特点,并简要写在表格中对应位置。

汽车脚垫种类及特点 表18-3

分类方式	种类	图示	特点
按结构分	平面脚垫		
	3D(立体)脚垫	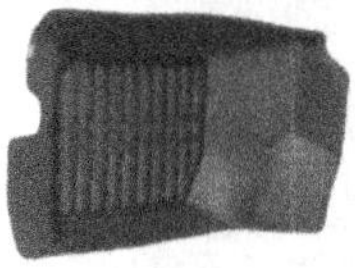	
按功能分	专用脚垫		
	通用脚垫		
按工艺分	手工脚垫	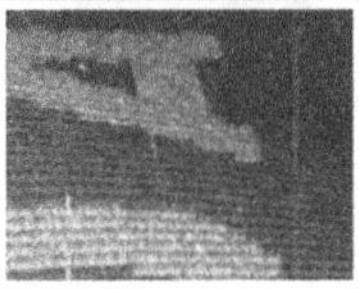	
	机编脚垫	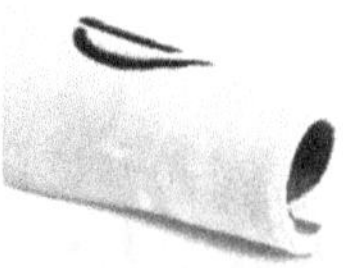	
按材质分	皮革脚垫		
	化纤脚垫	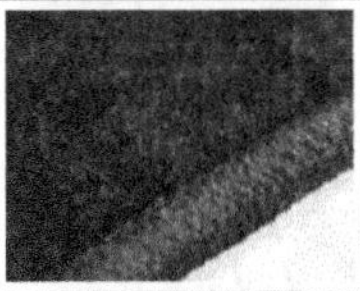	
	亚麻脚垫		
	PVC脚垫	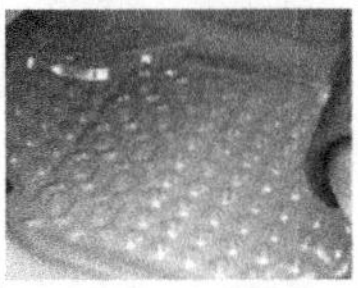	

续上表

分类方式	种 类	图 示	特 点
按材质分	橡胶脚垫		
	呢绒脚垫		
	丝圈脚垫		

二、汽车地胶、脚垫安装作业标准

(一)汽车地胶安装作业标准

汽车地胶安装作业标准见表18-4。

汽车地胶安装作业标准　　　　　表18-4

工作步骤	图 示	工作内容	工具、产品
1.工作准备		(1)准备场地; (2)准备工具	套装工具; 剪刀; 裁膜刀; 面板拆卸工具
2.车况检查		(1)环车一周检查车辆外观; (2)打开车门检查门护板和门框处漆面; (3)进入室内检查内饰; (4)打开点火开关,查看仪表信息及电器装置工作情况; (5)做好检查情况记录,并请客户确认签字	车况检查表; 笔

续上表

工作步骤	图　示	工作内容	工具、产品
3.拆卸座椅		（1）关闭点火开关，拔下钥匙后妥善保管； （2）观察前排座椅固定方式，选择对应规格的工具，按正确的顺序拆卸固定螺钉，并妥善保管拆卸螺钉及部件； （3）务必将前排座椅下方的SRS系统座椅检测线插头拔下，再抬离座椅； （4）正确抬出座椅，注意防止擦伤内饰护板、仪表台、转向盘等	套装工具
4.拆卸饰板		拆卸相关内饰部件： （1）发动机舱盖开启拉手； （2）左前门槛压条； （3）左侧A柱下盖板； （4）驾驶员安全带固定螺钉； （5）左后门槛压条； （6）中央扶手箱固定螺钉； （7）右后门槛压条； （8）前排乘客安全带固定螺钉； （9）右前门槛压条； （10）右侧A柱下盖板	十字螺丝刀； 面板拆卸工具； 套装工具

续上表

工作步骤	图示	工作内容	工具、产品
5. 安装地胶	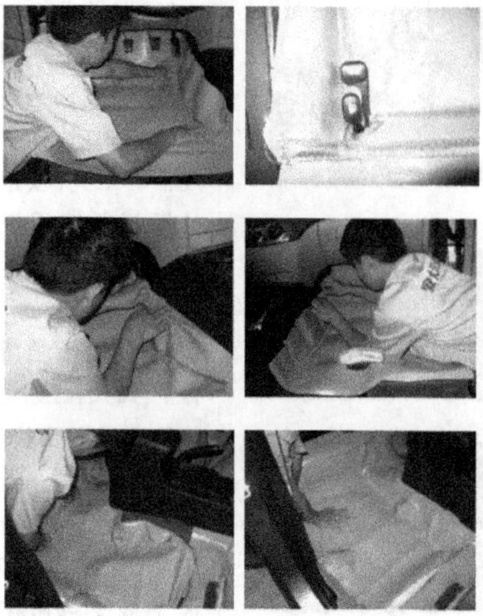	(1)从驾驶员位置的地板开始,将地胶按照地板形状及轮廓对正放好。将行李舱开启开关及加油口盖开启开关从地胶预留好的孔中穿出。将地胶边部塞入中控台护板内,以进行边部固定; (2)副驾位置地胶安装与主驾位置相同,注意地胶上预留的车架号观察孔应与地板上的车架号位置对正,方便查看; (3)安装后排地胶	—
6. 预留安装孔位	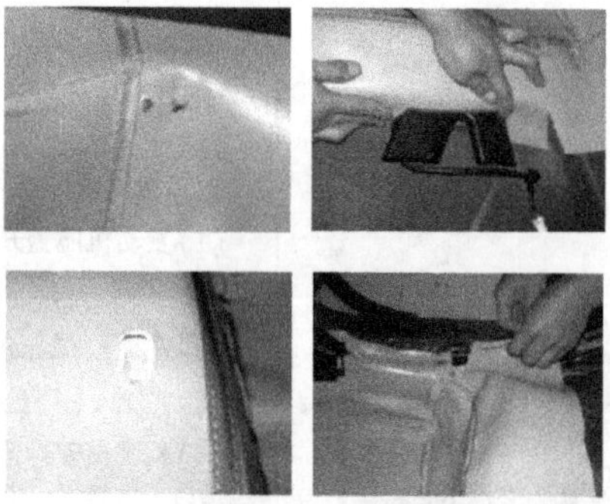	需预留的孔位有: (1)前排座椅固定螺钉孔、前排座椅定位孔; (2)吹脚出风口、座椅下方检测线孔; (3)后排坐垫固定卡扣孔; (4)门槛压条固定卡扣孔、螺钉孔	剪刀; 裁纸刀
7. 恢复饰板	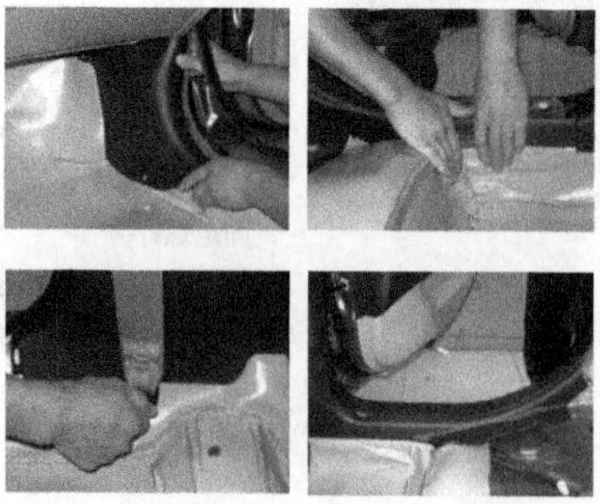	(1)按照"先拆的后装,后装的先拆"的原则进行恢复安装; (2)螺钉及卡扣应全部装回,不可遗忘; (3)卡扣应扣到位,饰板必须恢复至原状	套装工具; 十字螺丝刀

续上表

工作步骤	图示	工作内容	工具、产品
8.安装座椅	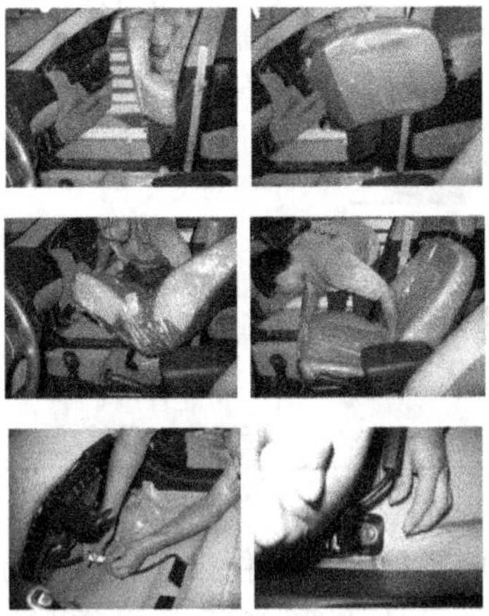	(1)按正确方法将座椅抬进驾驶室内,注意防止擦伤仪表台、转向盘、门护板等; (2)不要忘记将座椅下所拆检测线插头插接好; (3)安装座椅固定螺钉时,先用手将螺钉对正慢慢旋入孔中,再用快速扳手将螺钉紧固到位	套装工具
9.检查整理	1)自检处理 (1)检查所拆部件是否恢复至原状; (2)检查地胶是否存在不平整、边部未固定等情况。 2)清洁整理 (1)清除干净车内地胶碎料; (2)清点、置放工具; (3)车间清洁整理		—
10.质检交车	技术总监或质检人员对施工车辆进行质检验收: (1)检查所拆部件是否恢复至原状; (2)检查是否达到安装验收标准; (3)检查车辆有无新增划痕等		质检验收表

(二)汽车脚垫安装作业标准

1.立体脚垫安装作业标准

汽车脚垫安装作业标准见表18-5。

汽车脚垫安装作业标准　　　　　　　　表18-5

工作步骤	图示	工作内容	工具、产品
1.安装前排脚垫	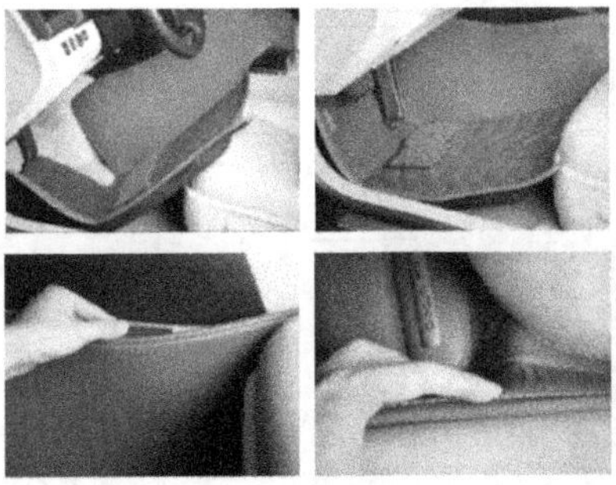	(1)将前排座椅向后移动,把脚垫从前方深入车内; (2)固定好加速踏板位置; (3)将脚垫边部附带的固定扣插入内饰板缝隙进行固定; (4)将座椅向前移动	—

续上表

工作步骤	图示	工作内容	工具、产品
2.安装后排脚垫	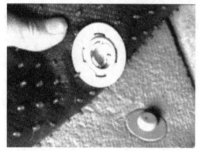	（1）将后排脚垫的前方深入驾驶员和前排乘客座椅下方； （2）将后排脚垫整体对正放平； （3）将脚垫边部附带的固定扣插入内饰板缝隙进行固定； （4）将前排座椅调至正常位置	—

2．平面脚垫安装注意事项

平面脚垫背部都进行了防滑设计，以防止移位时卡住加速踏板或制动踏板造成危险，常见的有防滑专用定位孔设计、防滑固定卡扣设计、防滑钉设计、防滑材质设计等几种方法，如图18-2所示。因此，安装平面脚垫时，应注意正确安装。

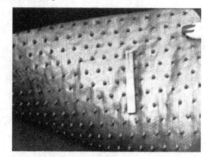

a) 防滑固定卡扣　　　　　　　　　b) 防滑钉

图18-2　汽车平面脚垫防滑设计

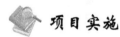

任务1　汽车立体脚垫认知

汽车立体脚垫具有多样化功能设计，如图18-3所示。观察图片或立体脚垫实物，写出箭头指示部位的名称。

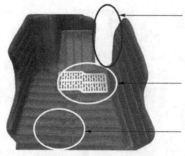

图18-3　汽车立体脚垫实物

任务2　汽车地胶品质鉴别

1. 汽车地胶品质鉴别方法

查阅资料或咨询教师,总结并写出汽车地胶品质的鉴别方法。

_____
_____
_____
_____

2. 汽车地胶品质鉴别实训

鉴别汽车地胶品质,并在表18-6中做好记录和分析。

汽车地胶品质鉴别记录表　　　　　　　　　　　表18-6

鉴别内容	结　果	结　论
品质评价:		

任务3　汽车地胶安装实训

认真阅读作业标准,实训前完善需要准备的相关内容(个人或小组讨论后填写)。"得分"和"不足"两栏用于实训过程中的自评、互评或教师评价,"改进建议"栏中可简要写出教师的建议或自己的反思内容。

1. 工作准备

工作准备见表18-7。

工 作 准 备　　　　　　　　　　　表18-7

计　划	标　准	分值	得分	不　足
	场地/车间清洁	2		
	准备好需要用到的工具	2		
改进建议:				

2. 车况检查

车况检查见表18-8。

车况检查　　　　　　　　　　　　　　表18-8

检查顺序及内容	运用话术	标准	分值	得分	不足
		检查顺序、内容正确	2		
		话术正确、礼仪规范	2		
		完整记录问题部位	2		
		表格填写完整、正确	1		
		客户签字确认	2		
改进建议：					

3. 拆卸座椅

拆卸座椅见表18-9。

拆卸座椅　　　　　　　　　　　　　　表18-9

座椅固定	拆卸方法	标准	分值	得分	不足
前排：	前排：	关闭点火开关，妥善保管钥匙	3		
		描述座椅固定方式及拆卸方法	2		
		正取选用对应规格的工具	2		
		正确拆卸座椅	5		
后排：	后排：	正确拆卸座椅 SRS 检测线插头	2		
		正确将座椅抬出驾驶室，未触碰、擦伤车内外任何部位	5		
		所拆零部件能正确、安全放置	2		
改进建议：					

4. 拆卸饰板

拆卸饰板见表18-10。

拆卸饰板　　　　　　　　　　　　　　表18-10

需拆件名称及固定方式	拆卸方法	标准	分值	得分	不足
		正确说出需拆件名称和固定方式	3		
		正确选择工具并安全拆卸各部件	5		
		正确、安全放置拆卸零部件	2		
改进建议：					

5. 安装地胶

安装地胶见表 18-11。

安装地胶　　　　　　　　　　　　　　表 18-11

需裁剪预留的安装孔位	标　准	分值	得分	不　足
	地胶位置安装合理,并进行良好的边部固定	5		
	正确裁剪安装孔位,位置、尺寸、形状精确	5		
	预留好全部安装孔位	5		
改进建议:				

6. 恢复饰板

恢复饰板见表 18-12。

恢复饰板　　　　　　　　　　　　　　表 18-12

恢复顺序及方法	标　准	分值	得分	不　足
	按正确的顺序安装所拆零部件	3		
	正确选用工具	2		
	卡扣、螺钉安装到位	2		
	零部件恢复到原状	2		
改进建议:				

7. 安装座椅

安装座椅见表 18-13。

安装座椅　　　　　　　　　　　　　　表 18-13

安装方法	标　准	分值	得分	不　足
前排:	正确将座椅抬进驾驶室,未触碰车内外任何部位	5		
	固定前安装座椅下方线束插头	5		
后排:	选用正确的工具,正确安装座椅固定螺钉、卡扣	5		
改进建议:				

8. 检查整理

检查整理见表18-14。

检查整理　　　　　　　　　　　　　　　　表18-14

检查、整理内容	标准	分值	得分	不足
	对安装效果进行自检	2		
	发现问题能正确进行处理	3		
	清洁车辆、场地,清点、置放工具	2		
改进建议:				

9. 质检交车

质检交车见表18-15。

质检交车　　　　　　　　　　　　　　　　表18-15

验收流程、顺序	标准	分值	得分	不足
	验收流程、顺序正确	2		
	严格按照验收标准进行验收	3		
	达到验收标准	5		
改进建议:				

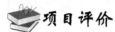 项目评价

学习结束后,需要及时对学习效果进行评价,为体现评价结果的有效性,评价采用自评、互评和教师评相结合的方式,具体评价内容见表18-16。

项目十八评价表　　　　　　　　　　　　　　表18-16

能力	评价内容	分值	自评	互评	教师评
专业、方法能力 (60分)	1.知识准备充分	5			
	2.会从不同渠道查阅资料、进行有效总结	10			
	3.能独立思考和总结	10			
	4.正确分析解读脚垫功能设计	5			
	5.能正确鉴别地胶品质	10			
	6.正确完成地胶和脚垫的安装	20			

续上表

能力	评价内容	分值	自评	互评	教师评
综合能力 （40分）	7.有良好的团队分工及协作表现	5			
	8.有良好的语言表达及沟通能力	5			
	9.纪律表现良好	5			
	10.工作过程中有相应的调整、变化能力	5			
	11.有良好的安全意识	10			
	12.有严谨、细致、负责的工作作风	10			
	合计	100			
	总评				
评语	自评： 签字：				
	互评： 签字：				
	教师评： 签字：				

项目拓展

查阅资料，总结出汽车脚垫的选购方法。

项目十九　汽车座套、坐垫安装

项目描述

为保护原车座椅,可以选择安装汽车座套或坐垫,但市面上的座套、坐垫种类较多,选用安装不当会造成侧气囊无法正常弹开而酿成安全事故,无法实现原车座椅保护功能,劣质的座套、坐垫还会散发出有毒气体影响乘员健康。因此,需要深入了解并掌握座套、坐垫产品及安装知识,学会正确引导客户理性选择,并向客户提供优质的安装服务。

学习目标

1. 说出座套、坐垫的作用和种类;
2. 列举不同类型座套、坐垫的优缺点;
3. 正确安装汽车座套、坐垫;
4. 形成安全、严谨、负责的工作习惯。

建议学时

12 学时。

学习引导

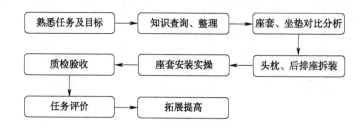

 知识准备

一、汽车座套、坐垫知识

(一)汽车座套、坐垫定义

汽车座套、坐垫都是根据各种不同车型量身设计的原车座椅防护用品,避免使用过程中对座椅的污染和损坏,也属于车内装饰用品,如图 19-1 所示。

区分汽车坐垫、座套,将对应名称写在横线上。

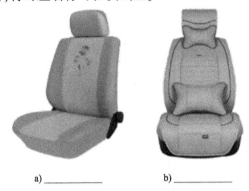

a) _____ b) _____

图 19-1　汽车座套、坐垫实物

(二)汽车座套、坐垫作用

1. 保护

保护原车座椅,防止脏污、磨损、老化。

2. 健康

有些座套具有促进血液循环、消除疲劳,具有按摩、养生保健的功能。

3. 舒适

根据材质的不同,适用于夏季的座套、坐垫具有良好的透气性能,适用于冬季的座套、坐垫具有良好的保温、保暖性能。

4. 美观

汽车座套、坐垫独特的颜色、造型、材质以及功能设计等能提升内饰的档次和品位。

5. 易清洁

汽车座套、坐垫可轻松拆下,便于清洁、清洗。

(三)汽车座套、坐垫种类

1. 汽车座套种类

查阅资料,在表 19-1 中简要写出不同种类座套的特点。

汽车座套种类及特点　　　　表 19-1

分类方式	种　类	图　示	特　点
按材质分	纯棉座套		
	混纺座套		

续上表

分类方式	种类	图示	特点
按材质分	莱卡座套	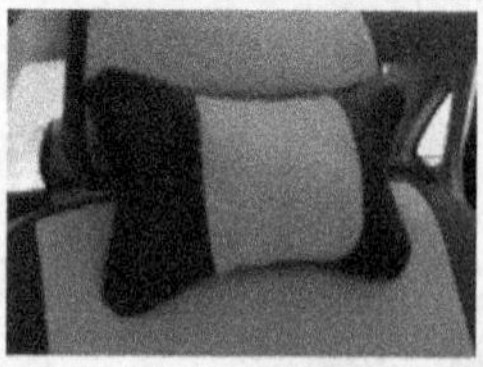	
	仿皮座套	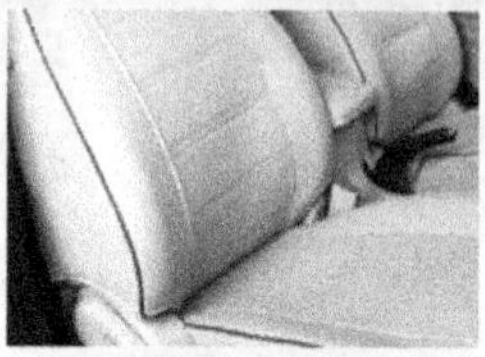	
	真皮座套		

2. 汽车坐垫种类

查阅资料，在表 19-2 中简要写出不同种类坐垫的特点。

汽车坐垫种类及特点　　　　　　　表 19-2

分类方式	种类	图示	特点
按设计分	普通坐垫		
	智能坐垫		
按包裹能力分	半包围坐垫	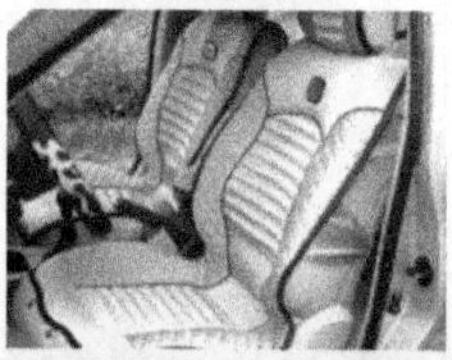	
	全包围坐垫		

续上表

分类方式	种类	图示	特点
按制作方式分	手编坐垫	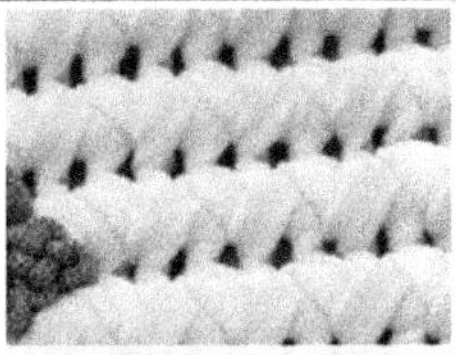	
	机编坐垫		
按材质分	亚麻坐垫		
	冰丝坐垫		
	羊毛坐垫	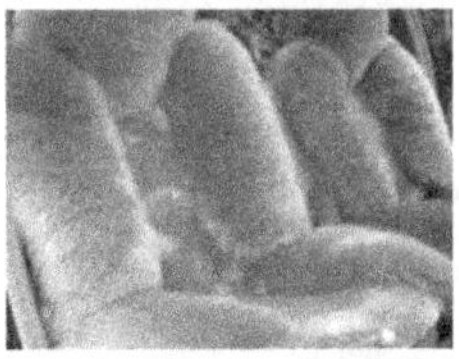	
	竹炭坐垫		
	维卡坐垫	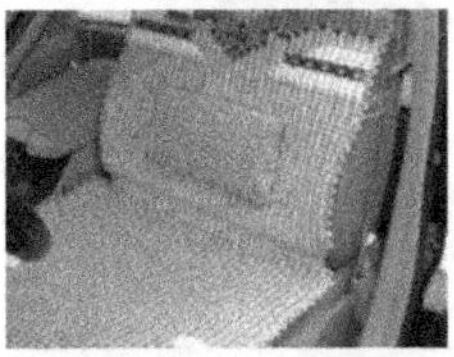	
	竹编坐垫		

续上表

分类方式	种　类	图　示	特　点
按材质分	真皮坐垫		

（四）汽车座套、坐垫选择方法

查阅资料，在表 19-3 中简要写出汽车座套、坐垫选择时所考虑因素对应的注意事项。

汽车座套、坐垫选择方法及注意事项　　　　　表 19-3

考虑因素	图　示	注意事项
安全		
材质	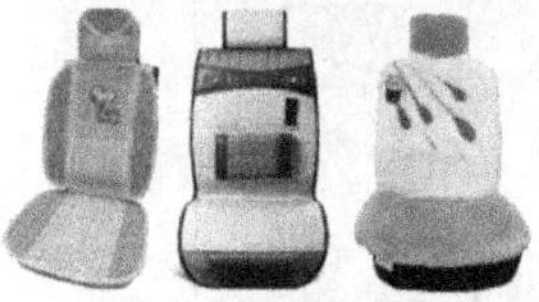	
季节		
价格		
搭配		
功能		
舒适	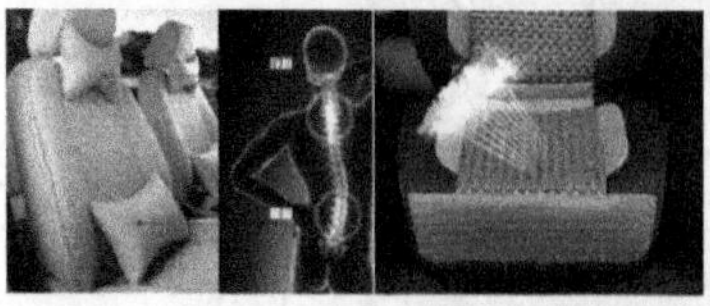	

续上表

考虑因素	图　示	注意事项
健康		

二、汽车座套、坐垫安装作业标准

(一)汽车座套安装作业标准

汽车座套安装作业标准见表19-4。

汽车座套安装作业标准　　　　　表19-4

工作步骤	图　示	工作内容
1.检查座套		(1)打开包装,检查座套与车型是否匹配; (2)检查座套件数及配件(卡扣、挂钩)是否齐全
2.拆装头枕		(1)观察头枕拆卸方法; (2)拆下头枕; (3)安装头枕套
3.安装前排椅背套		(1)正确区分驾驶员、前排乘客椅背套(有手机袋一侧向里或侧安全气囊预留孔向外); (2)套上椅背套; (3)底部固定(魔术贴粘贴、卡盘固定、挂钩固定); (4)装上头枕
4.安装前排椅面套		(1)前排椅套平铺到位; (2)尾端塞入椅背下缝隙内并拉到位,与前端拉绳进行连接固定(有些座套用挂钩或卡盘进行固定); (3)前、侧端包好后进行底部固定

续上表

工作步骤	图示	工作内容
5.安装后排椅面套	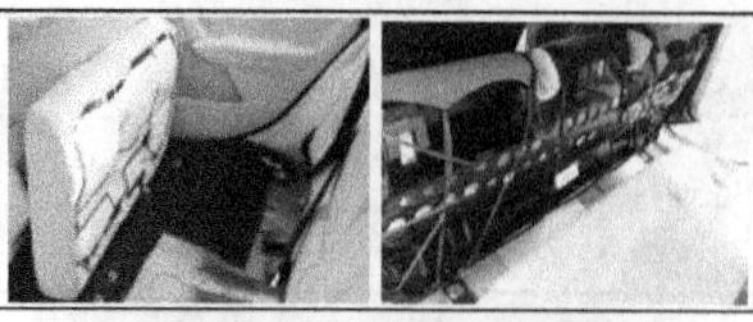	(1)观察后排椅面固定方法; (2)拆卸/抬起后排椅面; (3)安装椅面套
6.安装后排椅背套	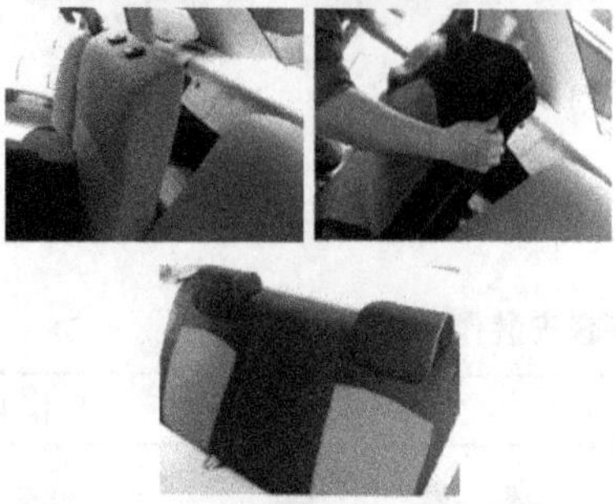	(1)观察后排椅背是连体还是分体,并注意固定方式; (2)将后排椅背放倒; (3)安装椅背套; (4)固定后排椅背
7.检查交车		(1)检查座椅是否恢复原位; (2)检查座套安装是否到位; (3)交车

(二)汽车坐垫安装作业标准

汽车坐垫安装作业标准见表19-5。

汽车坐垫安装作业标准　　　　　　　　　　表19-5

工作步骤	图示	工作内容
1.检查坐垫	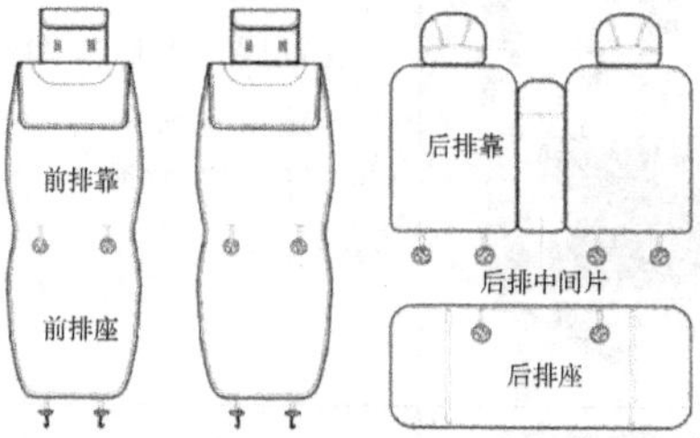	(1)打开包装,检查坐垫与车型是否匹配; (2)检查坐垫件数和配件是否齐全
2.安装前排坐垫	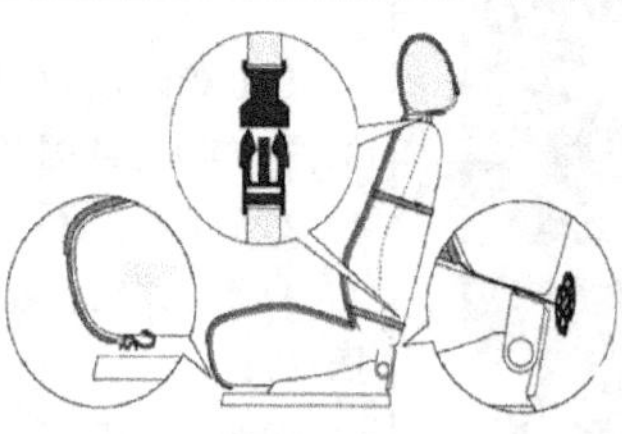	(1)将坐垫对正后平铺在座椅表面; (2)用弹性锁扣固定头枕垫; (3)用皮筋和锁扣固定椅背垫; (4)将卡盘穿过椅背与椅面接合的缝隙,在底部进行固定; (5)用挂钩将坐垫下摆固定在座椅底座上
3.安装后排坐垫		(1)拆卸后排椅面,用坐垫自带皮筋和卡扣在底部进行连接固定; (2)固定后排椅背头枕,并将椅背垫的底部自带卡盘塞入椅面与靠背缝隙中进行固定
4.检查交车		(1)检查座椅是否恢复原位; (2)检查坐垫安装是否到位; (3)交车

项目实施

任务1　汽车座套与坐垫对比

观看座套、坐垫实物,并查阅资料,从以下几个方面对两者进行分析对比,并将结果简要写在表19-6中。

汽车座套与坐垫对比分析　　　　　　　　表19-6

序　号	对 比 项 目	结　　果
1	覆盖面积	
2	材质种类	
3	季节适宜性	
4	安装通用性	
5	安装难度	

任务2　汽车头枕、后排座椅拆装实训

进入三辆不同品牌实训车内,进行座椅头枕和后排座椅拆装练习,并将相关信息记录在表19-7中。

汽车头枕、后排座椅拆装记录　　　　　　　　表19-7

车 辆 名 称	头枕固定形式	后排椅面固定形式	后排椅背固定形式

拆装遇到的困难:

解决方法:

任务3　汽车座套安装实训

认真阅读作业标准,实训前完善需要准备的相关内容(个人或小组讨论后填写)。"得分"和"不足"两栏用于实训过程中的自评、互评或教师评价,"改进建议"栏中可简要写出教师的建议或自己的反思内容。

1. 检查座套

检查座套见表19-8。

检查座套　　　　　　　　　　　　　　　　　表19-8

检查结果	标　准	分值	得分	不　足
	能正确检查	5		
	发现问题能及时提出	5		
解决方法：				

2. 拆装头枕

拆装头枕见表19-9。

拆装头枕　　　　　　　　　　　　　　　　　表19-9

固定方式	拆卸方法	标　准	分值	得分	不　足
		固定方式及拆卸方法描述正确	3		
		正确拆卸头枕	5		
		正确安装头枕套	5		
解决方法：					

3. 安装前排椅背套

安装前排椅背套见表19-10。

安装前排椅背套　　　　　　　　　　　　　　表19-10

驾驶员与前排乘客椅背套区分方法	椅背套固定方法	标　准	分值	得分	不　足
		正确描述并区分驾驶员与前排乘客椅背套	5		
		正确安装并固定椅背套	5		
解决方法：					

4. 安装前排椅面套

安装前排椅面套见表19-11。

安装前排椅面套 表19-11

前排椅面套固定方法	标 准	分值	得分	不 足
	正确描述前排椅面套固定方法	5		
	正确安装并固定前排椅面套	10		

解决方法：

5. 安装后排椅面套

安装后排椅面套见表19-12。

安装后排椅面套 表19-12

后排椅面套固定方式	后排椅面套拆卸方法	标 准	分值	得分	不 足
		正确描述椅面套固定方式及拆卸方法	5		
		正确拆装后排椅面	5		
		正确安装并固定后排椅面套	10		

解决方法：

6. 安装后排椅背套

安装后排椅背套见表19-13。

安装后排椅背套 表19-13

靠背放倒方法	放倒比例	标 准	分值	得分	不 足
		放倒方法及比例描述正确	5		
		正确操作放倒后排椅背	5		
		正确安装后排椅背套	10		

解决方法：

7. 检查交车

检查交车见表19-14。

检 查 交 车 表19-14

检查结果	标 准	分值	得分	不 足
	进行细致检察	3		
	对发现问题及时处理	4		
	交车流程、话术、礼仪规范	5		

解决方法：

项目评价

学习结束后，需要及时对学习效果进行评价，为体现评价结果的有效性，评价采用自评、互评和教师评相结合的方式,具体评价内容见表 19-15。

项目十九评价表　　　　　　　　　　　　　　表 19-15

能力	评价内容	分　值	自　评	互　评	教 师 评
专业、方法能力（60 分）	1. 知识准备充分	5			
	2. 会从不同渠道查阅资料，进行有效总结	5			
	3. 能独立思考和总结	10			
	4. 正确分析对比座套与坐垫	10			
	5. 正确拆装头枕及后排座椅	10			
	6. 正确完成座套的安装	20			
综合能力（40 分）	7. 有良好的团队分工及协作表现	5			
	8. 有良好的语言表达及沟通能力	5			
	9. 纪律表现良好	5			
	10. 工作过程中有相应的调整、变化能力	5			
	11. 有良好的安全意识	10			
	12. 有严谨、细致、负责的工作作风	10			
	合计	100			
	总评				
评语	自评： 　　　　　　　　　　　　　　　　　　　　　　　　　　　签字：				
	互评： 　　　　　　　　　　　　　　　　　　　　　　　　　　　签字：				
	教师评： 　　　　　　　　　　　　　　　　　　　　　　　　　　　签字：				

项目拓展

真皮座椅有必要安装坐垫吗？查阅资料、思考并总结后简要写在下面的横线上。

_____

_____

_____

项目二十　安全预警器、行车记录仪安装

项目描述

随着汽车保有量的快速增长,道路拥堵、交通安全问题和各种事故日益凸显。很多车主选择购买安全预警器,安全预警器可以起到一定的预防和提醒作用,但关键还是在于车主必须严格遵守交通规则、不违规超速驾驶。因此,学习、了解安全预警器知识,从自身做起,学会理性引导车主正确认识、选用安全预警器,决不能让安全预警器成为助长超速违规的手段和保险。

当前,交通事故、碰瓷事件多发,行车记录仪可以提供过程记录,为事故再现、快速处理提供有效依据。

学习目标

1. 说出安全预警器和行车记录仪的作用;
2. 正确分析安全预警器和行车记录仪的性能参数;
3. 正确安装安全预警器和行车记录仪;
4. 对安全预警器和行车记录仪进行使用和实测;
5. 形成安全、严谨、负责的工作习惯。

建议学时

24 学时。

学习引导

 知识准备

一、汽车安全预警器、行车记录仪知识

(一)汽车安全预警器、行车记录仪定义

1. 安全预警器

安全预警器又名安全预警提示仪,俗称"电子狗",是一种车载测速装置,能提前主动向

车主提醒限速和测速信号,如图20-1所示。

安全预警器的主要功能安全预警和提示,不少车主在安装安全预警器后就心存侥幸,在没有测速的路段超速行驶,到了测速路段才按限速要求行驶,这种行为也容易引发交通事故。如今,交通指示和安全警示标志已越来越完善,只有认真观察、按要求驾驶,才能真正有效降低发生交通事故的可能性,因此,安全驾驶才是关键,没有必要完全依赖安全预警器。

2. 行车记录仪

行车记录仪是一种车载监控装置,通过摄像头记录汽车行驶全过程的视频图像和声音,可为交通事故的快速处理提供证据,如图20-2所示。

图20-1 汽车安全预警器

图20-2 汽车行车记录仪

(二) 汽车安全预警器、行车记录仪作用

1. 汽车安全预警器作用

1) 全球定位

汽车安全预警器通电工作后,即可快速精准确定车辆位置。

2) 固定测速预警

利用设备内置预先储存好的摄像头数据,通过雷达和GPS相结合来播报固定测速装置信息。

3) 流动测速预警

利用设备自身雷达探头探测流动测速装置信号,进行提前预警。

4) 区间测速预警

当车辆进入区间测速起点时,设备开始计算汽车行驶平均速度,并实时进行屏幕闪烁提示,伴随超速语音提示,防止超速。

5) 特殊路段预警

遇到学校、事故易发路段以及隧道、铁路口等特殊路段时,设备会提前200~500m进行真人语音警示预报,如图20-3所示。

6) 语音播报

设备能够实时播报路况、天气预报等信息。

a) 学校　　　　b) 事故多发地　　　　c) 隧道　　　　d) 铁路口

图 20-3　特殊路段预警

2. 行车记录仪作用

1) 行车轨迹记录与回放

以视频图像、声音的形式记录行车轨迹，可在设备和电脑上回放观看，如图 20-4 所示。

2) 事故"黑匣子"

记录交通事故、恶意碰瓷全过程，方便交警、保险部门快速处理，如图 20-5 所示。

 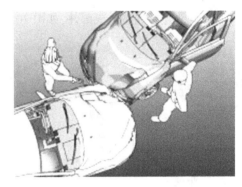

图 20-4　行车轨迹记录与回放　　　　图 20-5　事故过程记录示意图

3) 旅途 DV

记录旅途风景、趣事，如图 20-6 所示。

图 20-6　旅途记录

4) 移动侦测

停车后，监控范围内有移动物体出现时，会自动启动录像，如图 20-7 所示。

图 20-7 移动侦测

(三)汽车安全预警器、行车记录仪功能及参数解析

1. 安全预警器功能及参数解析

1)产品部件

汽车安全预警器产品组成部件,如图 20-8 所示。

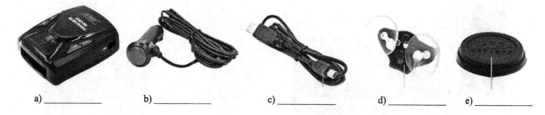

a)_____ b)_____ c)_____ d)_____ e)_____

图 20-8 汽车安全预警器产品部件

2)产品外观

汽车安全预警器主机外观,如图 20-9 所示。

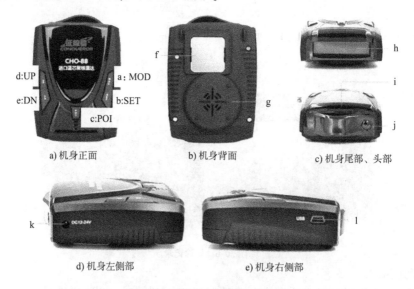

a)机身正面　　　　b)机身背面　　　　c)机身尾部、头部

d)机身左侧部　　　　e)机身右侧部

图 20-9 汽车安全预警器主机外观

查阅资料或阅读产品说明书,在表 20-1 中写出图 20-9 中所标注部位的名称及作用。

汽车安全预警器外观功能解析 表 20-1

序　号	名　　称	作　　用
a		
b		
c		
d		
e		
f		
g		
h		
i		
j		
k		
l		

3)产品参数

阅读产品说明书并查阅资料,写出安全预警器各主要参数的意义,见表 20-2。

汽车安全预警器参数解析 表 20-2

序　号	参　　数	描　　述
1	最大预警距离:200m	
2	测速范围:全频段	
3	测速类型:固定、流动一体	
4	多种警示路段提醒	
5	卫星接收频率:X、K、Ka、Newk、Laser、VG-2	
6		
7		
8		
9		
10		

2. 行车记录仪功能及参数解析

1) 产品部件

汽车行车记录仪产品组成部件，如图 20-10 所示。

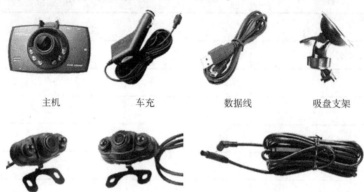

图 20-10　行车记录仪产品部件

2) 产品外观

汽车行车记录仪主机外观，如图 20-11 所示。

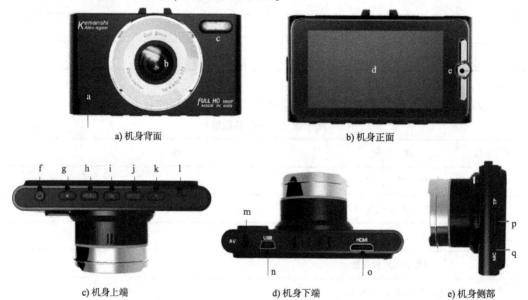

图 20-11　汽车行车记录仪主机外观

查阅资料或阅读产品说明书，在表 20-3 中写出图 20-11 中所标注部位的名称及作用。

汽车行车记录仪外观功能解析　　　　　　　　　表 20-3

序　号	名　　称	作　　用
a		
b		
c		
d		

续上表

序 号	名 称	作 用
e		
f		
g		
h		
i		
j		
k		
l		
m		
n		
o		
p		
q		

3）产品参数

阅读产品说明书并查阅资料，写出行车记录仪各主要参数的意义，见表20-4。

汽车行车记录仪参数解析　　　表20-4

序 号	参 数	描 述
1	屏幕尺寸:3.0寸	
2	镜头:1300万像素	
3	分辨率:1920×1080	
4	广角:175°	
5	文件格式:MOV	
6	存储器:TF卡	
7	光圈:F/2.0	
8	重力感应	
9	循环录像	
10	一键回放	
11	照片格式:JPEG	
12	视频输出格式:PAL/NTSC	
13	红外夜视	
14	移动侦测	

二、汽车安全预警器、行车记录仪安装作业标准

汽车安全预警器、行车记录仪安装作业标准见表20-5。

汽车安全预警器、行车记录仪安装作业标准　　　　　表20-5

工作步骤	工作内容与图示
1. 检查产品	(1) 打开包装； (2) 检查产品部件是否齐全； (3) 将主机、电源线和点烟器插孔连接起来，通电检查产品是否正常
2. 安全预警器安装	(1) 设计布线方案： 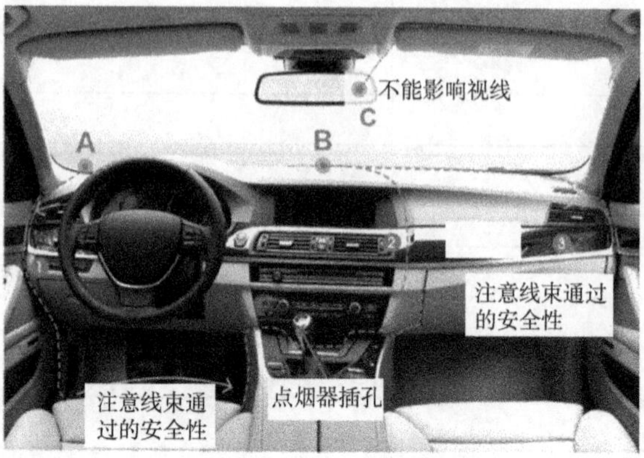 不能影响视线 注意线束通过的安全性 点烟器插孔 注意线束通过的安全性 (2) 布线与主机安装：  a) 清洁吸盘固定位置　b) 安装吸盘支架　c) 安装固定主机　d) 连接电源线 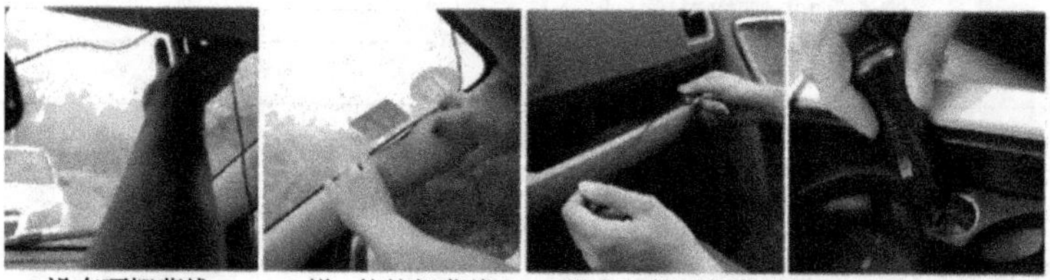 e) 沿车顶棚藏线　f) 沿A柱护板藏线　g) 沿杂物箱后部藏线　h) 连接点烟器插孔
3. 行车记录仪安装	(1) 设计布线方案： ①电源线布置： 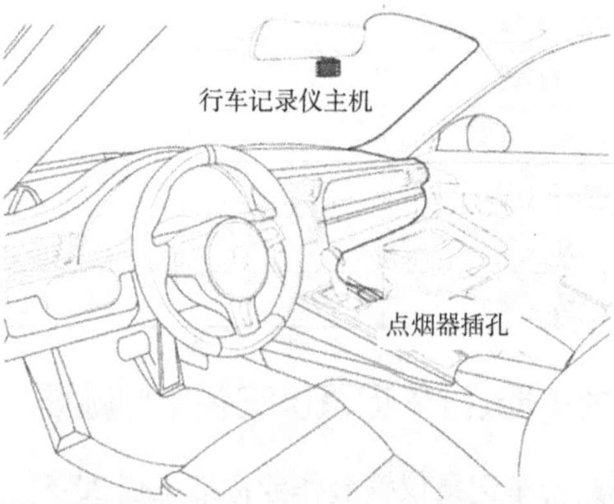 行车记录仪主机 点烟器插孔

续上表

工作步骤	工作内容与图示
3.行车记录仪安装	②后置摄像头线束布置： (2)布线、主机及后置摄像头安装： 布线及安装方法与安全预警器基本相同，但需注意： ①安装固定主机和后置摄像头时，必须进行位置测试，保证前后摄像头能够正常拍摄前后路面； ②所步线束必须安全可靠，防止被挤伤或脱落
4.质检交车	(1)安装好后再次进行通电测试，并调整好相关设置； (2)告知客户使用注意事项、操作调整方法以及售后服务等内容

项目实施

任务1　安全预警器、行车记录仪性能评价

查阅资料或阅读产品说明书，思考并总结出安全预警器、行车记录仪性能评价方法。

(1)安全预警器：_____
_____
_____
_____

(2)行车记录仪：_____
_____
_____
_____

任务2　安全预警器、行车记录仪安装实训

认真阅读作业标准，实训前完善需要准备的相关内容（个人或小组讨论后填写）。"得分"和"不足"两栏用于实训过程中的自评、互评或教师评价，"改进建议"栏中可简要写出教师的建议或自己的反思内容。

1. 检查产品

检查产品见表20-6。

检 查 产 品　　　　　　　　　　　　表20-6

检查内容:			
检查结果:			
评价标准	分值	得分	不足
正确、细致进行检查	5		
检查结果符合实际	3		
解决方法:			

2. 安装安全预警器

安装安全预警器见表20-7。

安装安全预警器　　　　　　　　　表20-7

布线方案:			
布线方法:			
安装固定:			
评价标准	分值	得分	不足
正确、安全进行通电预检,结果判断准确	5		
布线方案设计最优、合理且可行	5		
快速、规范完成布线	10		
快速、正确安装固定设备	5		
解决方法:			

3. 安装行车记录仪

安装行车记录仪见表20-8。

安装行车记录仪 表20-8

布线方案设计：
布线方法：
安装固定：

评价标准	分值	得分	不足
正确、安全进行通电预检,结果判断准确	5		
前后布线方案设计最优、合理且可行	10		
快速、规范完成布线	15		
快速、正确安装固定设备	10		

解决方法：

4. 质检交车

质检交车见表20-9。

质 检 验 收 表20-9

质检内容及标准：
质检结果：
交车事项：
交车演练：

续上表

评价标准	分值	得分	不足
按照质检内容及标准正确进行质检,质检结果与实际结果相符	3		
交车事项总结全面、准确	3		
按交车流程、话术、礼仪进行规范交车	6		
正确告知并向客户演示产品使用、调整方法及售后服务	15		
解决方法:			

任务3　安全预警器、行车记录仪使用实测

1. 安全预警器使用实测

认真阅读产品说明书,进行以下项目使用实测,将结果写在表20-10中,并对产品性能进行分析。

汽车安全预警器使用实测记录分析表　　　　表20-10

序号	项目	性能	结果	分析
1	静态实测	搜星时间(s)		
2	使用	设置静音速度		
3		超速设置		
4		模式设置		
5		感应设置		
6		亮度设置		
7		速度补偿		
8		语音播报		
9		声音设置		
10	道路实测	超速提示(道路限速、车辆实速)		
11		固定测速点提示(预警距离)		
12		闯红灯照相提示		
13		特殊路段提示(学校、隧道、事故易发路段)		
14		流动测速预警(K、KA频检测能力、预警距离)		
15		静音速度验证		
16		超速警告验证		
17		自建坐标(记录漏报点)		
18		实时速度提示		
19		经纬度播报		

续上表

序号	项目	性能	结果	分析
20	道路实测	自动模式(自动过滤雷达信号)		
21		区间测速		

2. 行车记录仪使用实测

认真阅读产品说明书,进行以下项目使用实测,将结果写在表 20-11 中,并对产品性能进行分析。

汽车行车记录仪使用实测记录分析表　　　　表 20-11

序　号	性　能	结　果	分　析
1	开机时间(s)		
2	清晰度(分辨率)		
3	流畅度(帧率)		
4	镜头广角(°)		
5	录像时长		
6	移动侦测		
7	夜视效果		
8	重力感应		
9	防抖性能		
10	抗逆光、炫光		

项目评价

学习结束后,需要及时对学习效果进行评价,为体现评价结果的有效性,评价采用自评、互评和教师评相结合的方式,具体评价内容见表 20-12。

项目二十评价表　　　　表 20-12

能　力	评价内容	分　值	自　评	互　评	教师评
专业、方法能力(60分)	1. 知识准备充分	10			
	2. 会从不同渠道查阅资料、进行有效总结	5			
	3. 能独立思考和总结	5			
	4. 正确总结安全预警器、行车记录仪性能评价方法	5			
	5. 正确安装安全预警器、行车记录仪	20			
	6. 按要求完成安全预警器、行车记录仪使用、实测任务	15			
综合能力(40分)	7. 有良好的团队分工及协作表现	5			
	8. 有良好的语言表达及沟通能力	5			
	9. 纪律表现良好	5			
	10. 工作过程中有相应的调整、变化能力	5			
	11. 有良好的安全意识	10			
	12. 有严谨、细致、负责的工作作风	10			
合计		100			
总评					

续上表

评语	自评： 签字：
	互评： 签字：
	教师评： 签字：

项目拓展

一、智能云安全预警器与传统安全预警器

查阅资料，对比分析智能云安全预警器与传统安全预警器，并将对比项目及分析结果简要写在表 20-13 中。

智能云安全预警器与传统安全预警器对比分析　　　表 20-13

对 比 项 目	智能云安全预警器	传统安全预警器

二、行车记录仪与 360°全景泊车影像系统

查阅资料，对比分析行车记录仪与 360°全景泊车影像系统，并将对比项目及分析结果简要写在表 20-14 中。

行车记录仪与 360°全景泊车影像系统对比分析　　　表 20-14

对 比 项 目	行车记录仪	360°全景泊车影像

参 考 文 献

[1] 李光耀.汽车内饰件设计与制造工艺[M].北京:机械工业出版社,2009.
[2] 精益界. 精益7S现场管理[M].北京:中国电力出版社,2015.
[3] 宋广辉,胡晓.汽车美容与装饰[M].武汉:华中科技大学出版社,2017.
[4] 王顺利.汽车装饰与美容[M].北京:清华大学出版社,2014.
[5] 尹根雄,彭常青.汽车油漆调色技术教程[M].北京:机械工业出版社,2014.
[6] 刘秀荣,边晶.汽车美容与装饰[M].上海:上海交通大学出版社,2016.
[7] 董永平.汽车玻璃贴膜与玻璃修补技术[M].北京:机械工业出版社,2009.

人民交通出版社汽车类高职教材部分书目

书　号	书　名	作　者	定价(元)	出版时间	课件
一、全国交通运输职业教育高职汽车运用与维修技术专业规划教材					
978-7-114-15615-1	汽车专业英语	苏庆列	29.00	2019.08	有
978-7-114-15508-6	机械识图	侯涛	35.00	2019.08	有
978-7-114-15766-0	汽车机械基础	孙旭	30.00	2019.11	有
978-7-114-15700-4	汽车电工电子基础	刘美灵	29.00	2019.11	有
978-7-114-15601-4	发动机原理与汽车理论	姚文俊	32.00	2019.08	有
978-7-114-15562-8	汽车运行材料	蒋晓琴	24.00	2019.08	有
978-7-114-15497-3	汽车发动机构造与检修	王雷	49.00	2019.08	有
978-7-114-15688-5	汽车底盘构造与检修	马才伏	30.00	2019.11	有
CHI040892	汽车电气设备构造与检修	李建明	估30	2019.12	有
CHI040893	汽车性能与检测技术	杨柳青	估20	2019.12	有
978-7-114-15699-1	汽车维修业务接待	邢茜	30.00	2019.09	有
978-7-114-15794-3	汽车车载网络技术	黄鹏	30.00	2019.11	有
978-7-114-15759-2	新能源汽车概论	周志国	20.00	2019.11	有
978-7-114-15677-9	汽车营销技术	莫舒玥	30.00	2019.11	有
978-7-114-15567-3	汽车鉴定与评估	王俊喜	29.00	2019.09	有
978-7-114-15697-7	机动车辆保险与理赔	韩风	29.00	2019.09	有
978-7-114-15744-8	汽车美容与装饰	彭钊	34.00	2019.11	有
978-7-114-15737-0	汽车配件管理	夏志华	20.00	2019.11	有
978-7-114-15781-3	礼仪与沟通	孔春花	20.00	2019.11	有
二、全国交通运输职业教育教学指导委员会规划教材　新能源汽车运用与维修专业					
978-7-114-14405-9	新能源汽车储能装置与管理系统	钱锦武	23.00	2018.02	有
978-7-114-14402-8	新能源汽车高压安全及防护	官海兵	19.00	2018.02	有
978-7-114-14499-8	新能源汽车电子电力辅助系统	李丕毅	15.00	2018.03	有
978-7-114-14490-5	新能源汽车驱动电机与控制技术	张利、缑庆伟	28.00	2019.05	有
978-7-114-14465-3	新能源汽车维护与检测诊断	夏令伟	28.00	2018.03	有
978-7-114-14442-4	纯电动汽车结构与检修	侯涛	30.00	2018.03	有
978-7-114-14487-5	混合动力汽车结构与检修	朱学军	26.00	2018.03	有
三、高职汽车检测与维修技术专业立体化教材					
978-7-114-14826-2	汽车文化	贾东明、梅丽鸽	39.00	2019.07	有
978-7-114-15531-4	汽车电工电子技术	刘映霞、王强	32.00	2019.07	有
978-7-114-15542-0	汽车机械制图	陈秀华、易波	29.00	2019.07	有
978-7-114-15609-0	汽车机械基础	杜婉芳	29.00	2019.07	有
978-7-114-14765-4	汽车发动机故障诊断与修复	赵宏、刘新宇	45.00	2018.07	有
978-7-114-14792-0	汽车底盘故障诊断与修复	侯红宾、缑庆伟	43.00	2019.09	有
978-7-114-14731-9	汽车电气故障诊断与修复	张光磊、周羽皓	45.00	2018.07	有
978-7-114-13155-4	汽车维护技术	蔺宏良、黄晓鹏	33.00	2018.05	有
978-7-114-14808-8	汽车检测技术	李军、黄志永	29.00	2018.07	有
978-7-114-13154-7	汽车保险与理赔	吴冬梅	32.00	2019.07	有
978-7-114-14744-9	汽车维修服务实务	杨朝、李洪亮	22.00	2018.07	有
978-7-114-14777-7	旧机动车鉴定与评估	吴丹、吴飞	33.00	2018.07	有

咨询电话：010-85285253、85285977；咨询QQ：183503744、99735898。